Interviews in der Recherche

Andreas Baumert • Sabine Reich

Interviews in der Recherche

Redaktionelle Gespräche zur Informationsbeschaffung

2., überarbeitete und erweiterte Auflage

 Springer VS

Andreas Baumert
Hannover,
Deutschland

Sabine Reich
Sandhausen bei Heidelberg,
Deutschland

ISBN 978-3-531-18159-2   ISBN 978-3-531-18968-0 (eBook)
DOI 10.1007/978-3-531-18968-0

Die Deutsche Nationalbibliothek verzeichnet diese Publikation in der Deutschen National-
bibliografie; detaillierte bibliografische Daten sind im Internet über http://dnb.d-nb.de
abrufbar.

Einbandentwurf: KünkelLopka GmbH, Heidelberg

Gedruckt auf säurefreiem und chlorfrei gebleichtem Papier

Springer VS ist eine Marke von Springer DE. Springer DE ist Teil der Fachverlagsgruppe
Springer Science+Business Media
www.springer-vs.de

Inhalt

Vorwort

Vor dem Schreiben steht die Informationsbeschaffung. Wer als professioneller Autor einen Text verfasst, beginnt mit der Materialsammlung. Eine gute Recherchetechnik ist Voraussetzung für Artikel, Sendungen, Dokumente und Bücher von hoher Qualität.

Mit einem Ausschnitt dieser Techniken beschäftigt sich dieses Buch: dem Interview in der Recherche. Von anderen Arbeitsweisen der Recherche unterscheidet sich das Interview vor allem in einem: Es bringt Menschen zusammen, die miteinander sprechen.

Die Berufsbezeichnungen der Rechercheure spielen keine Rolle. Ob Journalist, PR-Redakteur, Sachbuchautor oder Technikredakteur: In den Randbereichen sind die Professionen längst durchlässig geworden. Das vorliegende Buch richtet sich an alle.

Keine Frage, der Lokalredakteur interviewt nicht die gleichen Gesprächspartner wie der Auslandskorrespondent; wer für eine Betriebszeitung arbeitet, spricht mit anderen als der Feuilletonist und immer so weiter. Doch auf eine Schnittmenge des für alle Recherchierenden nützlichen Wissens greifen sie zu, mal mehr, mal weniger – unabhängig von ihrem gegenwärtigen Aufgabengebiet. Diesen Kern kann man isolieren und beschreiben.

Er ist Thema dieses Buches: das Interview zur Informationsbeschaffung – von Angesicht zu Angesicht, telefonisch, über das Internet oder schriftlich. Wohl können Aussagen des Informanten als direkte oder indirekte Zitate in redaktionellen Beiträgen enthalten sein, doch das Interview als journalistische Darstellungsform, gedruckt oder gesendet, ist nicht Gegenstand dieser Einführung.

1 Gesprächspartner: Niemand ist ausgenommen; Rechercheure reden mit Zeitzeugen, Beobachtern, Opfern, Tätern, Planern im Hintergrund, professionellen Begleitern eines Geschehens, Ingenieuren und Theologen, dem Direktor und dem Pförtner. Jeder bringt sein Päckchen mit, Bedürfnisse, Interessen, Persönlichkeitszüge, sozialer Hintergrund, vielleicht auch Marotten. Darauf muss sich ein Interviewer einstellen, denn die entscheidende Figur in diesem Spiel ist der Informant.

2 Kommunizieren: Rechercheure kommunizieren bewusst, führen das Gespräch, wollen Fakten und Hintergründe erfahren. Sich ohne Reibungsverluste miteinander verständigen zu können, ist die Voraussetzung des Erfolgs. Profis erkennen dabei auch die eine oder andere Schwindelgeschichte.
Interviews mit Gesprächspartnern aus anderen Kulturkreisen gehören auch zum Arbeitsalltag.

3 Fragen: Der Einblick in die Welt der Fragen wie ihrer bewussten und geplanten Anwendung; Fragestrategien können Vergesslichen beim Erinnern helfen, Verschweiger zum Reden bringen und Vertuschern das Schwindeln erschweren. Muss der Redakteur einen Fragebogen erstellen, ist Wissen über Fragestrategien auch Gold wert.

4 Das persönliche Gespräch: Manche glauben es nicht, gehen hin, klingeln und plaudern drauflos. Doch Qualität im Redaktionsalltag sieht anders aus: Vorbereitung, Materialkenntnis, Planung des Interviews, handwerklich saubere Arbeit bis zur Nachbereitung und der Ablage im Archiv.

5 Interviews über Draht und Papier: Nicht immer kann man mit seinem Interviewpartner von Angesicht zu Angesicht sprechen. Dann müssen Medien wie Telefon, Video, Internet oder vielleicht ein Fragebogen für eine schriftliche Befragung helfen. Perfekte Technik ist aber nicht alles, auch solche Interviews wollen gut vor- und nachbereitet werden.

6 Störungen: Unabhängig von Planung, handwerklichem Geschick und gutem Willen geht manchmal alles schief, das Interview droht zu scheitern. Einige typische Fallstricke und Techniken zur Abhilfe sollte man kennen.

7 Wirtschaft, Recht und Ethik: Wer mit dem Recherchieren und Schreiben sein Geld verdient, muss an die wirtschaftlichen Aspekte denken. Nur wenige ökonomische Fragen sind ausschließlich dem Recherchegespräch vorbehalten, für Freiberufler ein Muss.

Manchmal geht es nicht ohne Juristen. Informantenschutz, Auskunftspflicht der Behörden oder Geheimnisverrat – für viele Rechercheure kein drückendes Problem. Doch kann jede Informationsbeschaffung unerwartet Rechtsfragen aufwerfen, die schnelle Entscheidungen verlangen. Grundwissen in Ethik und Recht hilft, solche Situationen zu erkennen und die richtigen Entscheidungen zu treffen.

Zitierte Literatur und Lesetipps

Ab der zweiten Auflage finden Leser die zitierte Literatur und Anregungen zum Weiterlesen in einem separaten Kapitel.

Zeichenerklärung

Drei Piktogramme helfen beim schnellen Durchblättern, sie markieren

 Tipps und Hinweise,

 Warnungen und Hinweise, die besondere Aufmerksamkeit verlangen und

 die Zusammenfassung.

Bitte um Verständnis

Dieses Buch verwendet die nach der Grammatik männliche Form in einem neutralen Sinn. Es spricht immer Frauen und Männer an. Auf „-Innen" oder „/-innen" verzichten wir, um den Text leichter lesbar zu halten. Die Leserinnen bitten wir um Verständnis für diese Vereinfachung im Text.

Dank

Unsere eigenen Erfahrungen mit Recherchegesprächen bilden die Grundlage für dieses Buch. Trotz ungezählter Recherchegespräche reichen die eigenen Erfahrungen nicht für eine umfassende Darstellung. Sie bedurften der Ergänzung durch Gespräche mit Kollegen, Journalisten, PR-Profis, Ärzten und Technikredakteuren. Ihnen möchten wir an dieser Stelle danken.

Besonderer Dank gilt einigen Beamten der Polizeidirektion Hannover. Ihre Auskunft über Vernehmungen und Vernehmungsmethoden waren eine praxisnahe Ergänzung des Wissens, das sich aus Büchern und Fachzeitschriften erwerben lässt. Stellvertretend sei Herbert Fraatz, dem ehemaligen Leiter der Pressestelle, dafür gedankt, dass er die Kontakte ermöglicht hat.

Mit Fragen über die juristischen Belange des Recherchegesprächs durften wir Hans Holtermann auf die Nerven gehen. Ohne seine Hilfe hätte das siebte Kapitel böse Fehler enthalten.

Anderes hat Andreas Baumert auch von Studierenden und Diplomanden gelernt, die Seminarinhalte durch eigene praktische Erfahrungen in Redaktionen und Agenturen angereichert haben. Ihnen allen unseren herzlichen Dank.

Schließlich gilt unser Dank allen Korrekturlesern, die durch ihre Kritik zur sachlichen Richtigkeit und Lesbarkeit des Buches beigetragen haben: Heike Brasch, Christoph Laue, Wolfram Pichler, Elke Reich, Alexander Seelig und Gina Wollenschläger.

Anmerkung zur zweiten Auflage

Alles ist aktualisiert, neue Themen und Sichtweisen wurden hinzugefügt. Besonderes Gewicht erhielt das Recherchegespräch über Kultur- und Ländergrenzen hinweg, häufig per Telefon oder Internet, wie es in multinationalen Konzernen heute üblich ist. Die Informationen über schriftliche Befragungen wurden erweitert, weil Redakteure im betrieblichen Umfeld auch vermehrt für solche Informationsbeschaffungen zuständig sind.

Diese Arbeit kann besser von zwei Autoren bewältigt werden. Ab der zweiten Auflage ist dieses Buch eine Gemeinschaftsproduktion mit Dr. Sabine Reich, Redakteurin in einem international tätigen Unternehmen aus Walldorf, Baden.

April 2012

Andreas Baumert, Hannover
Sabine Reich, Sandhausen bei Heidelberg

1 Gesprächspartner

Wer ist mein Informant, was sind seine Bedürfnisse, welche Interessen hat er und welche Schwierigkeiten bringt er mit? Worauf muss ich mich einstellen, damit ich das Interview erfolgreich führen kann?

Je bedeutender ein Recherchegespräch ist, desto mehr Aufmerksamkeit widmet man in der Vorbereitung dem Gesprächspartner. Vor sehr wichtigen Interviews sind manchmal kleinere Treffen mit Leuten nötig, die den anderen schon kennen und etwas über ihn erzählen können. So fügt sich Stück für Stück ein Profil des Gesprächspartners zusammen. Es garantiert nicht den Erfolg, macht ihn aber wahrscheinlicher.

1.1 Wissen über den Informanten

Jede Recherche fügt dem Informantennetz neue Knoten hinzu. Quellen, die mehr oder weniger regelmäßig gepflegt werden. Man kennt sich, scherzt über die Eigenarten und Schrullen des andern und geht vielleicht hin und wieder zusammen ein Bier trinken.

Beginnt ein Pressesprecher in neuer Position, ist es für ihn von Nutzen, sich in diese Netze einzuweben, sich bekannt zu machen und die für ihn wichtigen Journalisten zu treffen. Die Interessen sind auf beiden Seiten des Schreibtisches gleich: Man will sich kennenlernen. Etwas anders sieht es bei inner-institutionellen Redaktionen aus – Mitteilungsblätter, Technikredaktionen, auch in allgemeinen Projekten der Öffentlichkeitsarbeit, die den Pressesprecher selbst zum Rechercheur werden lassen. In diesem Zusammenhang sind Informanten zu befragen, deren Kooperation nicht selbstverständlich ist.

Informantennetz

Pressesprecher

Für einigermaßen kommunikationsfreudige Redakteure ist auch das Gespräch mit dem Fremden selten ein Problem. Irgendwie schafft man es letztlich immer – Profis finden, wonach sie suchen.

Wer liest? Die Suche kann man etwas erleichtern, wendet man eine alte Regel an, die jeder Profitexter beherzigt: Um einen guten Text zu schreiben, muss der Autor wissen, wer liest. Je besser er den Leser kennt, desto treffender und erfolgreicher wird das Geschriebene sein.

Wer spricht? Etwas verändert ist diese Regel auf die Recherche anzuwenden: Je mehr ich über meinen Informanten weiß, je besser ich mich auf ihn vorbereite, desto mehr werde ich erfahren und mein Urteil über die Zuverlässigkeit des Gehörten wird treffender.

> Wer zu vornehm ist, sich um die für den anderen wichtigen Details zu kümmern, darf sich nicht wundern, wenn er nach dem Gespräch immer noch mit leeren Händen dasteht.

Doch worauf kommt es an? Mit Schlips oder Trainingshose zum Einkaufen? Ängstlicher Schweiger oder verbaler Kraftprotz mit sechsstelligem Jahresgehalt? Lieblingssatz: „Die Welt geht mindestens unter!", oder „Das kriegen wir schon hin!"? Frikadellen oder Tofu?

Jeder Gesprächspartner lässt sich mehr oder weniger einordnen, vieles ist für ein Interview unbedeutend. Anderes könnte entscheidend werden, zum Beispiel das Wissen über den Erfolg eines örtlichen Sportvereins. Gratulation zum Titelgewinn und Kenntnis des Spielverlaufs werden plötzlich zum Türöffner bei einem, der sich in der Freizeit für seinen Verein engagiert.

Nicht DIE Regel aber viele gute Ansätze **Die** Gebrauchsanleitung für die Einschätzung von Informanten sucht man vergeblich. Wir kennen allerdings einige Erklärungsmuster und Theorien, die bei der Vorbereitung auf das Gespräch, auf Beweggründe, Argumentation und Verhalten des anderen sehr hilfreich sind.

1.2 Bedürfnisse

Weihnachten steht vor der Tür, noch kein Geschenk gekauft, das Konto hoffnungslos überzogen, kein Kredit in Aussicht. Was interessieren da noch die Fragen eines Fremden, wenn die Antworten nicht bezahlt werden?

Wer längere Zeit Hunger leidet, denkt nicht an den nächsten Theaterbesuch. Erst kommt das Essen, dann das Vergnügen. Wer satt ist und weiß, dass er auch in Zukunft genug auf dem Teller haben wird, für den ist die Nahrungsbeschaffung kein Problem. Er entwickelt ganz andere Wünsche und orientiert sich daran, sie zu befriedigen.

Die Ordnung der menschlichen Bedürfnisse ist besonders von dem amerikanischen Psychologen Abraham H. Maslow beschrieben worden. Seine Erkenntnisse werden heute in unzähligen Seminaren und Trainings unterrichtet, weil erfolgreiche Kommunikation wahrscheinlicher ist, wenn die grundlegenden Bedürfnisse befriedigt sind. Sind sie nicht zufrieden gestellt, muss man mit Störungen in der Kommunikation rechnen. Maslow ordnet die Bedürfnisse hierarchisch in fünf Stufen an:

Hierarchie der Bedürfnisse

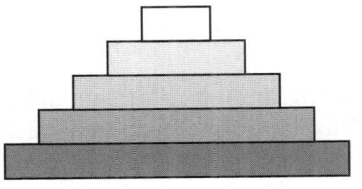

Selbstverwirklichung
Achtung und Anerkennung
Zugehörigkeit und Liebe
Sicherheit
Nahrung

Hierarchie der Bedürfnisse

Nahrung

Das Bedürfnis nach Nahrung ist die Grundlage. Ist es nicht befriedigt, wird alles Streben und alle Aktivität darauf ausgerichtet. Wünsche und Fähigkeiten, die dabei nicht nutzen, treten in den Hintergrund: „Für den, der äußerst und gefährlich hungrig ist, existieren keine anderen Interessen als Nahrung."[1]

Hunger

Wer in tiefster Not und Elend lebt, ist deswegen nicht unglaubwürdig. Man muss aber mögliche Auswirkungen auf das Gespräch berücksichtigen.

---

1 Maslow, *Motivation*, S. 64.

Sicherheit

Persönliche Sicherheit ist das zweite Bedürfnis jedes Menschen. Es ist die Sicherheit vor körperlicher Bedrohung, Raub, Mord, Krankheit und Tod. Dazu tritt der Wunsch, den erreichten sozialen Status zu wahren.

Gewalt
Unfall
Nach Erfahrungen krimineller Gewalt, Unglück und nach dem Verlust geliebter Menschen ist die Bedürfnisstruktur auf dieser Ebene durcheinander gebracht. Das Recherche-Interesse des Interviewers ist mitunter meilenweit von dem entfernt, womit sich sein Informant beschäftigt.

Soziale
Sicherheit
Von diesen Ausnahmen abgesehen ist bei uns die körperliche Unversehrtheit so weit wie möglich garantiert, für die Wahrung des sozialen Status gibt es aber schon dann keine Garantie mehr, wenn die Schulden über den Kopf wachsen oder Arbeitslosigkeit droht. Ein Mensch, der auf dieser Ebene in Schwierigkeiten gerät, wird – selbst wenn er für ein Gespräch zur Verfügung steht – in erster Linie an etwas ganz anderes denken.

Der Gesprächspartner muss sich darauf verlassen können, dass er durch seine Auskunft nicht in Gefahr gerät, den Arbeitsplatz zu verlieren oder von Polizei und Justiz zur Rechenschaft gezogen zu werden.

Informanten-
Schutz
Der Schutz des Informanten hat für den Rechercheur die oberste Priorität. Ausnahmen behandelt Kapitel 7.

Zugehörigkeit und Liebe

Rückhalt in
Beziehungen
Liebe, Familie, Freunde und die Zugehörigkeit zu Gruppen prägen die Bedürfnisse auf der dritten Stufe der Hierarchie. Wenn eine Freundschaft zerbricht, eine Liebe scheitert, sind wahrscheinlich die meisten Menschen für einige Zeit außer Stande, ihre Gedanken auf etwas anderes zu konzentrieren.

Achtung und Anerkennung

Selbstwertgefühl
„Alle Menschen in unserer Gesellschaft (...) haben das Bedürfnis oder den Wunsch nach einer festen, gewöhnlich recht hohen

Wertschätzung ihrer Person, nach Selbstachtung und Achtung seitens anderer."[2]

Manchmal geht man davon aus, dass der Gesprächspartner sich seiner Sache sicher ist. Einem Menschen, auf dessen Kompetenz man sich verlassen kann (man erbittet ja gerade Informationen von ihm), sieht man nicht an, wie verletzlich er möglicherweise ist. Man bemerkt nicht, wie instabil sein Selbstwertgefühl vielleicht ist und wie sehr er Anerkennung benötigt.

Jeder Satz, der den Informanten oder seine Leistungen kritisiert, kann das Gespräch in so einem Fall negativ beeinflussen. Dabei geht es nicht um die bewusste Provokation, die den anderen aus der Reserve locken soll: „Hat sich Ihre einwöchige Dienstreise nach St. Petersburg auch für den Steuerzahler gelohnt?"

Kritik vermeiden!

Ärgerlich ist eher die unbeabsichtigte Kränkung, mit der man den Erfolg eines Gespräches torpedieren kann, ohne dass es sofort auffällt. Irgendwann schaltet der andere auf stur und klinkt sich nach und nach aus der Kommunikation aus.

Selbstverwirklichung

Wer auf dieser Stufe angelangt ist, macht das, was er für richtig hält. Er handelt lieber auf eigene Initiative, als Anweisungen zu befolgen. Mit diesem Gesprächspartner setzt man sich zusammen, um gemeinsam eine Aufgabe zu bewältigen.

Souverän

Informanten auf dieser Ebene der Bedürfnisbefriedigung sind oft auskunftsfreudig und reagieren sogar humorvoll und hilfsbereit, wenn dem Interviewer ein Fehler unterläuft.

Nur ein nützlicher Schnappschuss

Das Modell Maslows taugt vor allem dazu, Momentaufnahmen des Gemütszustandes zu beschreiben. Die Hochs und Tiefs im Leben bringen so gut wie jeden heute in die Nähe der einen Stufe, morgen der anderen. Wenn man sich dieser Hierarchie in der Recherche erinnert, kann das manchmal helfen,
*   den Wahrheitsgehalt von Aussagen zu bewerten, wenn der Interviewte erkennbar andere Probleme hat, als im Gespräch angeschnitten werden,

---

2   Maslow, *Motivation*, S. 72.

- ärgerliche Fehler zu vermeiden, die den Befragten einschnappen und diese Quelle versiegen lassen.

Ursache des Scheiterns

Wenn falsche oder unvollständige Informationen gegeben werden, wenn der Gesprächspartner unkooperativ ist und die Mitarbeit verweigert, kann die Frage weiterhelfen: „Liegt die Ursache für mein Scheitern womöglich in einem Bereich, auf den ich keinen Einfluss habe, weil Grundbedürfnisse des Gesprächspartners gefährdet sind?"

Zwar kann der Interviewer nichts daran ändern, wenn den anderen Existenznot oder die Verzweiflung über eine zerbrochene Beziehung plagen, er muss aber berücksichtigen, dass solche Faktoren, die weder etwas mit ihm noch der Interviewsituation oder dem Thema zu tun haben, die Ergebnisse entscheidend beeinträchtigen können.

1.3 Was wir voneinander wissen

Wissen über mich

Wenn Menschen in einer Gruppe zusammenarbeiten, ist für die Kommunikation untereinander wichtig, was

Nur ich
1. einer über sich selbst weiß,

Wir
2. davon wieder die anderen über ihn wissen,

Nur du
3. er von sich selbst nicht weiß, dafür aber die anderen,

Noch niemand
4. weder er noch die anderen über ihn wissen, was sich aber dennoch auf die Zusammenarbeit auswirken wird.

Johari-Fenster

Dieses Modell von der Persönlichkeit eines Menschen und dem, was anderen Gruppenmitgliedern über sie bekannt ist, wurde 1955 von Josef Luft und Harry Ingham entwickelt. Nach dem Anfang ihrer Vornamen heißt es Johari-Fenster, und es ist – ähnlich der Hierarchie nach Maslow – heute Gegenstand von Kommunikationsseminaren und -trainings.

Bereich 1 des Johari-Fensters zeigt vieles, von dem wir sagen würden, es gehe die anderen nichts an. Dazu gehört, was uns unangenehm oder gar peinlich ist.

Zunächst sind es die typischen Gründe für Lügen und Auskunftsverweigerung: Erlebnisse, Verhaltens- oder Denkweisen, die in Konflikt zur Norm stehen, vielleicht sogar strafbare Handlungen. Darüber spricht man nicht gerne mit einem Fremden.

über mich

	mir bekannt	mir nicht bekannt	
den anderen bekannt	2	3	den anderen bekannt
den anderen nicht bekannt	1	4	cen anderen nicht bekannt
	mir bekannt	mir nicht bekannt	

Das Johari-Fenster

Neben diesen deftigen Anlässen für mangelnde Kooperationsbereitschaft wirken sich auch Irritationen weit harmloseren Ur-
sprungs aus. In Interviews begegnen Redakteure oft Gesprächspartnern, die nicht zugeben wollen, dass sie irgendetwas nicht
verstanden haben oder etwas nicht wissen. Um den Interviewer
nicht zu enttäuschen, geben sie dennoch bereitwillig Auskunft.
Der Schaden kann beträchtlich sein, wenn man erst nach Tagen
oder Wochen merkt, dass man Fehlinformationen aufgesessen ist.

> Erfahrene Redakteure sind deswegen bei Gesprächspartnern,
> die sie noch nicht kennen, vorsichtig. Mancher erfindet etwas,
> weil es ihm peinlich wäre, sein Unwissen einzugestehen.

Bei betriebsinternen Recherchen ist in diesem Zusammenhang
die innere Kündigung ein heikles Thema. Darunter versteht man,
dass ein Mitarbeiter so lange frustriert und verärgert wurde, bis er
die Nase voll hatte. Wenn dann die Stellensuche schon längst begonnen wurde, die ersten Bewerbungen abgeschickt sind, ist der
Weg ohne Wiederkehr beschritten. Das Schicksal des Unternehmens wird völlig belanglos, man wahrt die Form, ist aber desin-
teressiert. Natürlich spricht man darüber nicht, die Illusion wird
aufrechterhalten: „Wenn ich einen neuen Job suche, finde ich ihn
sofort!" Vielleicht dauert die Suche Monate. Andere haben schon
einen neuen Vertrag, reden aber nicht darüber. Wer mit solchen

Innere Kündigung

Kollegen ein Interview führt, geht unwissentlich das Risiko ein, mit falschen oder unvollständigen Informationen abgespeist zu werden.

Dagegen gibt es keinen Schutz, allerdings sollten Sie hellhörig werden, wenn der Gesprächspartner sich allzu abfällig über seinen Arbeitgeber, Vorgesetzte und Produkte äußert. Sehen Sie darin mögliche Indizien für eine Entfremdung zwischen dem Unternehmen und dem Gegenüber.

über mich

mir bekannt   mir nicht bekannt

Wir über mich

den anderen bekannt   **2**   **3**   den anderen bekannt

den anderen nicht bekannt   **1**   **4**   den anderen nicht bekannt

mir bekannt   mir nicht bekannt

Der Idealfall: Wenig bleibt verborgen, man spielt mit offenen Karten.

Wer sich bemüht, vor den anderen wenig zu verbergen, wer also Bereich 1 möglichst klein hält und zulässt, dass **Bereich 2** möglichst groß ist, gibt damit einen Anhaltspunkt für die Richtigkeit der Informationen, die man von ihm erhält.

Blinder Fleck

Bereich 3 betrifft das, was man über den anderen weiß, dieser selbst aber weiß es nicht, es ist sein blinder Fleck. Teilt man sein Wissen mit, kann er es als einen Angriff auf sein Selbstwertgefühl interpretieren. Von diesem Moment an braucht man nicht mehr mit seiner Kooperationsbereitschaft zu rechnen. Manchmal sind es harmlose Irritationen, Kleidung, Äußerlichkeiten – ähnlich der Nudel auf der Nase des Pechvogels im Sketch Loriots: Während

der Unglücksrabe seiner Angebeteten die Liebe gesteht, sieht
diese nur die Nudel. Alle Wortgewalt ist für die Katz.

In anderen Fällen ist es ernster. Wer gründlich recherchiert
hat, mag manches über seinen Gesprächspartner wissen, das er
diesem besser nicht mitteilt. Warum auch? Ein Recherchege-   *Keine Kritik,*
spräch hat nicht die Aufgabe, den anderen zu kritisieren, positiv   *keine Therapie*
zu beeinflussen oder zu verändern. Es dient ausschließlich der Informationsbeschaffung.

Wenige Ausnahmen dieser Zurückhaltung kommen aber vor.
Rechercheure, die in der Redaktion oder PR-Abteilung eines Unternehmens arbeiten, interviewen ihren Kollegen aus der Produktion oder dem Service. Wenn dieser dann im Gespräch stolz seine
PowerPoint-Präsentation vorzeigt, die er morgen einem Kunden
demonstrieren wird, kann man nicht darauf verzichten, auf Irrtümer oder Rechtschreibfehler hinzuweisen. Das verlangt die Loyalität gegenüber dem gemeinsamen Arbeitgeber. Ein bisschen
psychologisches Geschick ist dann vonnöten, damit nicht gleich
alle Türen zugeschlagen werden.

Der **vierte Bereich** des Johari-Fensters, das Unbewusste, von
dem niemand weiß, wird sich zwar auf das Interview auswirken,
ist aber dem therapeutischen Gespräch vorbehalten.

1.4 Temperament und Persönlichkeit

Die Gesprächsatmosphäre – und damit der Erfolg des Interviews   *Temperament*
– hängt entscheidend davon ab, dass der Redakteur das Temperament und andere Persönlichkeitsmerkmale seiner Partner richtig einschätzt.

Mancher scheint eine Ewigkeit zu brauchen, bis er sich zu einer Antwort durchringen kann, der Kollege im Nebenzimmer
wartet gar nicht erst die Frage ab und redet „ohne Punkt und
Komma". Der eine reagiert freundlich und hilfsbereit, der andere
geht sofort in die Luft, wenn ein falsches Wort fällt.

In der Praxis beobachtet der Rechercheur Verhaltensweisen
bei seinen Gesprächspartnern, die durchaus zu unterschiedlichen
Typen zusammengefasst werden können. Berufliche Erfahrung
legt dann einige Strategien nahe, die zum Erfolg des Interviews
beitragen.

Wesenszug und Temperament

Wenn ein Recherchegespräch unproblematisch ist, der Informant freundlich, auskunftsbereit und in seinen Aussagen überlegt und gründlich ist, hat der Rechercheur keine Probleme mit diesem Interview. Oft sieht es aber anders aus.

Verhaltens–
muster

Einige Gesprächspartner zeigen Verhaltensmuster, die das Gespräch und die Informationsbeschaffung beeinträchtigen können: Ob abweisend oder explosiv, ordentlich oder chaotisch, schweigsam oder Plaudertasche – Rechercheure müssen mit allen Informanten wenigstens soweit zurechtkommen, dass eine produktive Atmosphäre möglich ist.

Charakter

Persönlichkeitspsychologen interessieren sich dafür, welche Charakterzüge Menschen typischerweise auszeichnen – unter Stichworten wie *Persönlichkeitsmerkmale, Charakter* oder *Temperament* findet man leicht passende Literatur. Für den Rechercheur sind Persönlichkeitstheorien auch interessant, schließlich haben typische Verhaltensweisen oder Macken des Gegenübers möglicherweise einen negativen Einfluss auf das Treffen.

Das Raster, in das sich alle Informanten einordnen lassen, sucht der Rechercheur vergebens. Aber es hat durchaus Sinn, sich mit einigen gängigen Persönlichkeitstheorien zu befassen, um sein Gegenüber schneller und besser einzuschätzen. Im Folgenden werden ein paar Modelle skizziert, die sich im Alltag als recht nützlich erwiesen haben.

Die Klassiker

Vier
Temperamente

Melancholiker
Phlegmatiker
Sanguiniker
Choleriker

Aus der Antike kennen wir die vier Temperamente: Choleriker, Sanguiniker, Melancholiker und Phlegmatiker. Einige Psychologen knüpfen an diese Kategorien an und benutzen oft eine Ergänzung, die von Hans Jürgen Eysenck entwickelt worden ist. Eysenck konnte mit seinen Überlegungen über Temperament und Persönlichkeit die klassische Sichtweise erweitern. Er sah „ein Fünkchen Wahrheit in diesen antiquierten Ideen"[3] und ordnete sie in einem Koordinatenkreuz zwischen Introvertiertheit, Extravertiertheit, seelischer Labilität oder stabiler Ausrichtung.

Tatsächlich begegnet man dem – in dieser Sichtweise – extravertierten, plaudernden Informanten ebenso wie dem eher phlegmatischen, seine Sätze sorgsam abwägenden. Auf dieser Ebene

---

3   Eysenck, *Die Ungleichheit,* S. 190.

muss der Rechercheur vor allem mit den Instrumenten der Gesprächssteuerung eingreifen, den Schweigsamen anregen und den anderen manchmal auf das Thema zurückbringen.

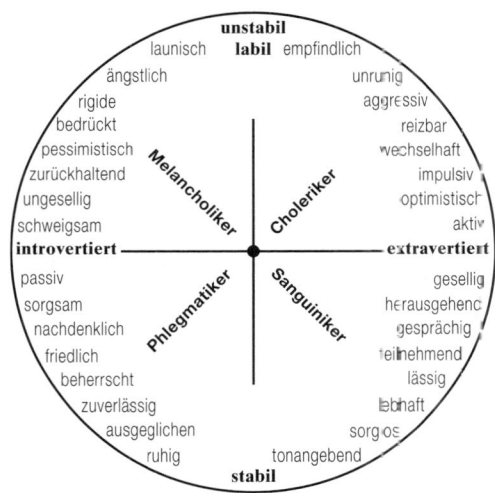

Introvertiertheit
versus
Extravertiertheit

Labilität
versus
Stabilität

Verhaltensdispositionen, psychische Stabilität und Introvertiertheit[4]

Wo man sein Gegenüber auf der senkrechten Achse zwischen Labilität und stabiler Gemütsverfassung einordnet, wird sich oft darauf auswirken, für wie zuverlässig man ihn hält. Doch mehr als Indizien darf man nicht erwarten, denn unter den stabilen Typen findet man begabte Schwindler und die labilsten Charaktere unterstützen manche Recherche mit wertvollen und zutreffenden Informationen.

Die großen Fünf
Die fünf Faktoren oder Big Five sind ein recht robustes Modell psychologischen Verstehens menschlicher Wesenszüge. Seine Anhänger gehen davon aus, dass Wesenszüge entweder mehr oder weniger vorhanden sind. Beispielsweise ist einer eher phantasielos als phantasievoll. Wie steht es nun um seine Kreativität, seine Neugier? Insgesamt gehen Persönlichkeitsforscher von fünf Faktoren aus, die den Charakter jedes Menschen auszeichnen:

Fünf Faktoren

---

4   Nach Eysenck, S. 192.

Kommunikativ,
gesprächig

Ängstlich,
unsicher

Neugierig,
kreativ

Freundlich,
kollegial

Gründlich

- **Extraversion:** Wie gesprächig, aktiv oder abenteuerlustig ist ein Mensch?
- **Neurotizismus oder emotionale Labilität:** Wie ängstlich, nervös oder unsicher ist mein Gegenüber?
- **Offenheit für Erfahrungen:** Wie neugierig, phantasievoll oder kreativ ist mein Interviewpartner?
- **Verträglichkeit:** Wie liebenswürdig, mitfühlend und kooperativ kann mein Gesprächspartner sein?
- **Gewissenhaftigkeit:** Ist mein Gegenüber sehr sorgfältig, organisiert und zuverlässig?[5]

Man kann jeden der genannten Faktoren für eine Person mit einer Gewichtung versehen. Beispielsweise kann man die Offenheit für Erfahrungen im Rahmen eines Tests so einschätzen:

Verschlossen
oder
offen

Verschlossenheit versus Offenheit gegenüber neuen Erfahrungen

phantasielos	1	2	3	4	5	6	7	8	9	phantasievoll
unkreativ	1	2	3	4	5	6	7	8	9	kreativ
nicht wissbegierig	1	2	3	4	5	6	7	8	9	neugierig
unüberlegt	1	2	3	4	5	6	7	8	9	überlegt
naiv	1	2	3	4	5	6	7	8	9	kultiviert

Faktor Offenheit[6]

Die Gesprächigkeit, die Nervosität oder die Kooperationsbereitschaft wird den Verlauf des Interviews sicher beeinflussen. So muss der Rechercheur den gesprächigen Extravertierten gelegentlich bremsen, wohingegen der nervöse Interviewpartner eine Ermutigung braucht. Wo man sein Gegenüber bezüglich der „Großen Fünf" einordnet, wird sich womöglich darauf auswirken, für wie zuverlässig man ihn hält.

Widersprüche   Die „Großen Fünf" zeigen auch deutlich, dass man sich als Rechercheur von der Auskunftsfreude und Kooperationsbereitschaft eines Informanten nicht blenden lassen soll: Ein Gesprächspartner kann zwar kooperativ, aber trotzdem unzuverlässig sein. Introvertierte und emotional labile Charaktere sind vielleicht für manche Recherche dagegen die besten Informanten.

 Doch Vorsicht! Lassen Sie sich von solchen psychologischen Modellen nicht zu sehr beeinflussen. Sie sind nicht mehr als

---

5 Vgl. Laux, *Persönlichkeitspsychologie*, S. 175.
6 Pervin, Cervone, John, *Persönlichkeitstheorien*, S. 324.

Indizien. Je nachdem, welche Literatur Sie einsehen, finden Sie andere Persönlichkeitsfaktoren, wobei die „Großen Fünf" immer noch das bekannteste Modell sein dürften.[7] So wird in der psychologischen Literatur diskutiert, wie viele Faktoren nun wirklich eine Persönlichkeit auszeichnen – 3, 5, 6 oder gar 16? Während Friedmann drei Typen unterscheidet,[8] arbeiten Alessandra und O'Connor mit vieren, dem Macher (Director), dem Denker (Thinker), dem sozialen Typen (Socializer) und dem freundlich Organisierten (Relater).[9] Dass dies nicht bloße Theorie ist, zeigen amerikanische Polizeiveröffentlichungen, die mit diesem Modell arbeiten.[10] Was ist aber mit Faktoren wie Gefühlsbetontheit und Risikobereitschaft? Wo bleiben die Motive[11] und Bedürfnisse?

Schließlich hängt das Verhalten eines Menschen nicht nur von seiner Persönlichkeit ab, es passt sich auch an die Situation an. Der introvertierte, schüchterne Interviewpartner mag aufblühen, sobald das Gespräch auf sein Lieblingsthema gelenkt wird. Und der verträglichste Gesprächspartner verliert die Geduld, wenn man seine Kompetenz permanent anzweifelt.

Verhalten abhängig von der Situation

Betriebsrecherchen

Wenn schon diese auch in der Wissenschaft umstrittenen Charaktere keine eindeutigen Festlegungen auf das Temperament eines Gesprächspartners zulassen, dann darf man sich selber helfen und eine eigene Typologie anwenden, sofern sie bei der Arbeit nutzt. Die folgende Sammlung ist ein Vorschlag, der über viele Jahre in betrieblichen Recherchen entwickelt wurde und sich bewähren konnte. In anderen Umgebungen – Polizei- oder Sportressort einer Tageszeitung – werden Rechercheure weitere Schwerpunkte setzen.

Technische Redaktion und Public Relations als Beispiel

---

7   Laux, *Persönlichkeitspsychologie*, S. 178-185.
8   Friedmann, *Die drei Persönlichkeitstypen*: Beziehungstyp, Sachtyp, Handlungstyp.
9   Alessandra, O'Connor, *The platinum rule*, S. 11-34.
10   Dreeke, Navarro, *Behavioral Mirroring*.
11   Correll, *Motivation und Überzeugung*, S. 34-41, unterscheidet fünf Typen der Motivation beim vertrieblichen Ansprechpartner: soziale Anerkennung, Sicherheit und Geborgenheit, Vertrauen, Selbstachtung, Unabhängigkeit und Verantwortung.

Der ängstliche Interviewpartner

Unsicher   Dieser Interviewpartner scheint sich seiner Sache nicht sicher zu sein. Er legt sich nicht fest („ja, kann sein"). Man merkt ihm an, dass er das Ende des Gesprächs herbeisehnt.

Aktuelle Gründe für diese Haltung sind vielleicht die Befürchtung, dass das Interview irgendetwas ans Tageslicht fördert, das besser verborgen geblieben wäre, vielleicht auf Mängel eines Produktes oder des eigenen Verhaltens aufmerksam macht. Schließlich brechen Sie als Interviewer in den Alltag, in den gewohnten Ablauf ein. Oft wird auch die sprachliche Gewandtheit eines Redakteurs von denen, die sich nicht so gut ausdrücken können, als unangenehm und bedrohlich empfunden. Kann man nicht von jemandem, der mit Sprache gut umzugehen versteht, auch leicht hereingelegt werden, wenn man sich auf ein Gespräch einlässt? Manche scheinen das Recherchegespräch wie einen Zahnarztbesuch zu empfinden: wenn auch unvermeidlich, so doch sehr unangenehm.

Sicherheitsge-   Vermitteln Sie diesen Gesprächspartnern ein Sicherheitsge-
fühl vermitteln   fühl. Dazu kann gehören, dass Sie das Interview in dessen vertrauter Umgebung, am Arbeitsplatz oder in seiner Wohnung führen. Geben Sie ihm schon vorher wenigstens eine Kurzübersicht über die Themen, die Sie besprechen wollen. Klären Sie mit ihm, wie Sie vertrauliche Informationen behandeln, welche Bedeutung der Informantenschutz hat. Hilfreich ist auch die Vereinbarung, das Aufzeichnungsgerät anzuhalten, wenn der Informant etwas sagen will, das nicht mitgeschnitten werden soll.

Eine ängstliche Grundhaltung kann der Interviewer durch Unachtsamkeit verstärken. Letztlich könnte er verursachen, dass diese Quelle versiegt. Dagegen hilft:

Eigene   Wenn Sie zu einem solchen Interview aufbrechen, erinnern Sie
Haltung   sich noch einmal daran, dass die Panik des Informanten nicht ne-
kontrollieren   gativ zu bewerten ist. Der andere wird schon seine Gründe haben. Akzeptieren Sie ihn so, wie er ist, denn wer seinen Gesprächspartner nicht akzeptiert, sendet unbewusst Signale aus, die verstärkend auf die abwehrende Haltung des anderen einwirken!

Der Schweiger

Sprechen ist   Er kann ein ängstlicher Interviewpartner sein. Wirkliche Schwei-
nicht seine   ger sind aber einfach Menschen, die nicht gerne reden. Weder der
Sache   Interviewer noch sonst jemand liefert dafür einen Grund. Oft fin-

det man dieses Verhalten in Entwicklungsabteilungen, bei Programmierern, Ingenieuren und Technikern.

Wenn es möglich ist, suchen Sie sich andere Interviewpartner. Haben Sie nur wenige Fragen, überlegen Sie, ob nicht eine schriftliche Befragung, auch per E-Mail, möglich ist.

Alternative?

Wenn Sie auf ein Gespräch nicht verzichten können, lassen Sie ihm Zeit. Brechen Sie Fragen sofort ab, wenn der andere spricht. Versuchen Sie etwas über seine persönlichen Interessen herauszufinden. Wir konnten mit solchen Partnern ausgiebige Interviews führen, wenn wir uns zunächst über ein Thema unterhalten haben, das nichts mit dem Recherchegespräch zu tun hatte. Die eigentlichen Fragen konnten sich dann anschließen. Bei diesem Vorgehen bleibt allerdings jedes Zeitmanagement auf der Strecke.

Nicht unterbrechen

Manchmal hilft auch der Trick, Texte oder Grafiken über das Thema mitzubringen, die fehlerhaft sind. Ihr Gesprächspartner wird Sie vielleicht auf die Fehler aufmerksam machen und auf diesem Umweg in das Gespräch einsteigen. Manche Menschen finden eben eher den Fehler beim anderen, als eigene Beiträge zu leisten. Diese Vorliebe können Sie nutzen!

Fehler zum Anbeißen

Der Besserwisser

Dieser Mensch weiß, wie die Welt funktioniert und teilt es jedem mit. Man kann ihn nicht übersehen oder überhören Er ist in hohem Maße kompetent und wäre sicher eine angenehme Informationsquelle, wäre da nicht dieses Kommunikationsproblem.

Sachkenntnis

Sie werden gut mit ihm sprechen können, wenn Sie seine Kompetenz betonen und ihn um Rat und Unterstützung bitten. Das sollte Ihnen nicht schwer fallen, denn richtige Besserwisser sind ja tatsächlich kompetent. Sie sind oft auch hilfsbereit, wenn man nicht auf die Idee kommt, ihnen ausdrücklich zu widersprechen.

Kompetenz anerkennen

Lassen Sie sich aber das Heft nicht aus der Hand nehmen! Richtige Besserwisser beantworten Ihre Frage nicht, weil die Frage aus ihrer Sicht ganz anders hätte gestellt werden müssen. Schließlich können richtige Besserwisser auch besser fragen als Sie.

Kontrolle behalten

Der Vielredner

Er redet ständig und weiß auch alles besser. Vom Besserwisser unterscheidet ihn, dass er nicht unbedingt auch kompetent ist, schnell den roten Faden verliert und dennoch weiterredet. Er kommt vom Hundertsten ins Tausendste und lässt den Interviewer möglichst gar nicht mehr zu Wort kommen.

Das Thema!   Lenken Sie Ihr Gegenüber immer auf das Gesprächsthema
Aber: zurück. Das ist schon deswegen nicht einfach, weil richtige Viel-
Nicht kränken redner schnell beleidigt sind. Wenn man mit solchen Gesprächspartnern Interviews geführt hat, ist man hinterher oft nicht einen Schritt weiter.

Vorsorge   Deswegen nimmt man zu solchen Gesprächen ein Blatt mit,
treffen   auf dem die wichtigsten Fragen für den Gesprächspartner noch einmal notiert sind. Bei der Verabschiedung kommt dann der unvermeidliche Satz „Wie schnell doch die Zeit vergeht, kann ich Sie wegen dieser Fragen in den nächsten Tagen noch einmal telefonisch belästigen?" Man gibt ihm das Blatt, und mit etwas Glück klappt es. Die Informationen erhält der Rechercheur dann eben mit einer kleinen Zeitverzögerung.

Ein weiterer möglicher Trick im Umgang mit Vielrednern ist die abschließende Frage, ob man noch ein paar weitere Fragen per E-Mail schicken darf. Ist der Informant willig, schickt er Ihnen die Antworten – und per E-Mail vielleicht sogar knapper gefasst, als sie im Gespräch ausgefallen wären.

Der Choleriker

„He's got a short fuse", heißt es im Englischen: „Bei dem brennen schnell die Sicherungen durch" oder „An diesem Sprengsatz ist eine ziemlich kurze Lunte". In seiner Nähe spielt man besser nicht mit dem Feuer. Diese Menschen können sich furchtbar erregen und gehen ohne Vorwarnung in die Luft. Dafür kühlen sie meist auch schnell wieder ab, wenn man sie richtig behandelt.

Austoben   Ein Choleriker muss sich austoben dürfen. Bewahren Sie ei-
lassen   nen kühlen Kopf, unterbrechen Sie ihn nicht. Widerspruch führt sowieso nur zur Eskalation und bringt Sie nicht einen Schritt weiter.

Das weiße Kaninchen

Immer in Eile: „Jemine! Jemine! Ich komme bestimmt zu spät!", murmelt das
Produktions- weiße Kaninchen in „Alice im Wunderland". Keine Zeit, immer
leiter, in Eile: Manche Menschen verbreiten um sich die Atmosphäre,
Projekt- dass jeder, der mit ihnen spricht, ihnen nur Zeit stiehlt. Oft ste-
manager ... hen sie selbst unter einem Druck, den sie unbewusst weitergeben.

Bereiten Sie nummerierte Fragen auf einem Blatt vor, das Sie diesem Gesprächspartner aushändigen. Alles muss kurz, klar und übersichtlich sein. Sie haben gewonnen, wenn der andere merkt, dass Sie ihm keine Zeit wegnehmen wollen und sich auch selbst ein bisschen beeilen müssen.

Jenseits der Temperamente

Manchmal wird ein Vielredner auch zuhören, ein Ängstlicher läuft zu Hochform auf und begräbt den Interviewer unter einem Berg von Sätzen. Jede Kombination ist denkbar, kein Typ wird dem Rechercheur als Idealmuster begegnen. Alles kann überlagert werden durch vom Anlass des Gesprächs diktierte Wichtigtuerei, ein schlechtes Gewissen, die Leichen im Keller, gewohnheitsmäßige Lügerei und pathologische Persönlichkeitsverzerrungen.

Einige haben ihren Sprachstil den Fernsehprominenten abgeschaut, verhalten sich wie ein Politiker im Interview und versuchen krampfhaft, mit viel Worten nichts zu sagen. Diesen Typus erkennt man oft am Hyperbaton, einer Figur der klassischen Rhetorik, die er – nicht selten als einziges Instrument – beherrscht. Es ist ein Einschub, im Beispiel kursiv:

„Die Gewerkschaften haben – *da sind wir uns einig* – zu Beginn dieses Monats – *das haben sie sicher nicht als einzige* – ...“

Solche Formulierungen verwendet der Gesprächspartner vielleicht, wenn er keine oder kaum Erfahrungen mit Interviews hat. Er will es besonders gut machen und nutzt die Techniken der Profis. Wer sich nicht mit leeren Worthülsen abspeisen lassen will, muss hin und wieder etwas energisch werden, unterbrechen und dem anderen zeigen, dass ein Recherchegespräch eine Unterhaltung ist, keine Selbstdarstellung, die über den Sender geht.

Journalisten und andere Redakteure sind keine Psychotherapeuten oder Psychiater. Sie wollen ihre Gesprächspartner nicht therapieren oder verändern. Der Profi akzeptiert den anderen so, wie dieser eben ist, und wahrt die professionelle Distanz, denn das – fast – ausschließliche Gesprächsziel ist es,

- Informationen zu erhalten und
- die Glaubwürdigkeit des Gehörten einigermaßen zuverlässig zu bewerten.

Die wenigen Fälle, in denen der Gesprächspartner um Hilfe bittet oder die Meinung des Interviewers zu einem Sachverhalt kennen will, ändern nichts an dieser grundsätzlichen Ausrichtung.

Marginalien:
Verhalten von Prominenten kopiert

Professionelle Distanz

Gesprächsziel im Auge behalten

1.5 Informantenprofil erstellen

Manche können es, interviewen in Jeans einen Banker, andere führen am Rosenmontag ein erfolgreiches Gespräch mit Beamten der Kölner Stadtverwaltung. Wer sich dem anderen nicht anpasst, scheitert also nicht zwangsläufig. Empfehlenswert sind solche Experimente nicht. Besser ist es, sich dem Informanten so weit zu nähern, dass die Kommunikation nichts stört, das für die Informationsbeschaffung nebensächlich ist.

Eigenes Verhalten am Profil ausrichten

Wenn das Interview wichtig genug ist, versucht man ein Profil des Informanten anzulegen. Es leitet den Rechercheur darin, das Gespräch vorzubereiten und Fragestrategien zu entwickeln. Der geeignete Termin, Ort, Kleidung, Gesprächsinhalte, Argumentation, vielleicht auch unterstützendes Material, das man zum Treffen mitbringt: Je mehr man über den anderen weiß, desto sicherer ist man vor unangenehmen Überraschungen.

In jedem Gespräch können sich andere Eigenschaften auswirken. Mal ist es nützlich, etwas über die Religion des Gegenübers zu wissen, beim nächsten Informanten sollte man wissen, dass er Funktionär des örtlichen Fußballvereins ist.

Die Karten werden immer neu gemischt, was bei einem sinnvoll ist, wird beim anderen belanglos. Zur Auswahl stehen einige charakterisierende Merkmale:

Für den Gesprächserfolg manchmal entscheidend

- Bildung,
- Fachkraft oder Laie,
- Fachgebiet,
- Praktiker oder Theoretiker,
- Position in Betrieb, Institution oder Verwaltung,
- Nationalität,
- Kulturkreis,
- Religion,
- politische Position,
- Wertesystem,
- Familie, Kinder,
- sozialer Status,
- Hobbys,
- Zugehörigkeit zu Vereinen, Gruppen, Milieus,
- Mitläufer oder Meinungsführer,

- psychologische Besonderheiten,
- Auffälligkeiten: Drogen, Vorstrafen ... [12]

Wer vorab etwas über die Bildung des Gesprächspartners in Erfahrung bringt, kann sich darauf einstellen. Vielleicht ist es nötig, zusätzliches Material zusammenzustellen, Grafiken oder sonst etwas mitzunehmen. Die Art des Auftritts, des Fragens hängt davon ab, wie man die Bildung des anderen einschätzt.

(Randnotiz: Bildung)

Formale Raster, Schulabschlüsse sagen allerdings nichts aus über die tatsächliche Cleverness, die Fähigkeit, auch komplexe Sachverhalte zu verstehen. Hochbegabte können an unserem Bildungssystem scheitern, andere sind mit einer Art Straßenintelligenz oder Bauernschläue ausgestattet, die für ein erfolgreiches Gespräch allemal ausreicht.

Habe ich es mit einer Fachkraft zu tun, kümmere ich mich rechtzeitig um die Terminologie, lese vielleicht einige Fachzeitschriften. Wenn das Thema wichtig genug ist, werde ich mir sogar eine kleine Einführung besorgen, bevor ich mit dem Interview beginne. Wer den Vorsitzenden einer Ärztekammer befragt, muss sich manchmal vorher mit einem Arzt, einem Anwalt und einem Sozialpolitiker auf dieses Gespräch vorbereiten. Ist mein Gegenüber hingegen ein völliger Laie, haben Fachwörter nichts im Fragenkatalog zu suchen, dafür womöglich Erklärungen.

(Randnotiz: Fachkraft oder Laie)

Ist der Manager, den man für ein Interview gewinnen konnte, Wirtschaftsfachmann oder Ingenieur? Welches Fachgebiet? Was ist dieser Abteilungsleiter für einer? Liest er die Wirtschaftswoche oder die VDI-Nachrichten? Erfahrung mit Interviews auf der Leitungsebene eines IK-Unternehmens: Für das Gespräch mit dem Informatiker sind die Feinheiten der letzten Releases und die Technikdetails zu büffeln. Der Betriebswirtschafter ist vor allem am Zahlenwerk, an Marketingkonzepten und dergleichen interessiert. Wer falsch oder unvollständig vorbereitet das Interview beginnt, geht das Risiko ein, dass man ihn nicht ernst nimmt.

(Randnotiz: Fachgebiet)

Sollte man sich auf einen Praktiker vorbereiten, der allergisch auf alles reagiert, das ihm zu theoretisch scheint? „Was Sie da sagen ist ein akademisches Problem. Wir an der Front haben andere Erfahrungen." Oder ist er eher theoretisch interessiert? „Man muss die Hintergründe sehen. Herr Dr. Fangemeier hat in einem Artikel darauf hingewiesen, dass ... Diese Diskussion haben Sie doch sicher verfolgt, oder?"

(Randnotiz: Praktiker oder Theoretiker)

---

12 Baumert, *Der Partner*, S. 101.

Position Welche Position hat der Informant im Betrieb, in der Institution oder Verwaltung, ergeben sich daraus Interessen, die beim Gespräch zu berücksichtigen sind? Spricht man nach einem Unfall mit jemandem aus der Produktion, wäre es sehr ärgerlich, wenn man nicht darauf vorbereitet ist, dass dieser Gesprächspartner auch dem Betriebsrat angehört.

Nationalität Ist die Nationalität wichtig? Gibt es Konflikte, sind Ressentiments möglich, die sich in Antworten ausdrücken könnten? Müssen kulturelle Orientierungen für die Fragestellungen oder den Smalltalk eingeplant werden? Bohlen oder Barenboim?

Kulturkreis Stammt der Interviewpartner gar aus einem anderen Kulturkreis? Welche Konventionen einer guten Gesprächsführung verlangt dieser Kulturkreis? Ist es dort üblich, den Gesprächspartner höflich ausreden zu lassen, oder fällt man ihm gerne im Sinne einer lebhaften Diskussion ins Wort? Was sind „heiße Themen", die ich im Interview oder im Smalltalk vermeiden sollte? Was sind angemessene Umgangsformen für den Kulturkreis? Gebe ich meinem Gesprächspartner bei der Begrüßung die Hand oder nicht? Signalisiere ich durch zu legere Kleidung (Jeans) meinem Interviewpartner eventuell mangelnden Respekt?

Religion Gibt es religiöse Aspekte, an die der Interviewer denken muss? Ist beim anderen der Freitag ein besonderer Tag oder der Sonntag? Ist gerade eine Zeit des Feierns, Trauerns, der Besinnung oder des Fastens, von der man wissen sollte, bevor überhaupt ein Terminvorschlag für das Interview unterbreitet wird?

Politik Außerhalb des Ressorts Politik: Können politische Themen im Gespräch bedeutsam werden? Wissen wir etwas über die Position des anderen?

Wertesystem Ist mein Informant ein am gemeinen Nutzen orientierter Wohltäter oder ein beinharter Egozentriker? Welche Werte stehen bei ihm ganz oben?

Familie Kinder Kann man an Erfahrungen in der Familie anknüpfen, die etwas mit dem Thema des Interviews zu tun haben? Verantwortung für Kinder, irgendetwas aus dem Nah-Bereich, das sich positiv auf den Redefluss auswirken kann?

Sozialer Status Wirkliche sozialwissenschaftliche Kategorien sind nicht erforderlich; es reicht, wenn man seine Gesprächspartner sozio-ökonomischen Typen grob zuordnen kann. Manchmal müssen die Fragen für einen wirklichen Gutmenschen mit Pensionsanspruch anders verpackt werden als die für den längst resignierten Zyniker ohne Aussicht auf angemessene Beschäftigung.

Der Interviewer wird nach seiner eigenen Lebenserfahrung und Weltsicht ein Kategoriensystem entwickeln, das bei der Vorbereitung auf Gesprächspartner in wichtigen Interviews hilft. Anfänger können sich bei den Marktforschungsinstituten Anregungen besorgen, beispielsweise die Sinus-Milieus®:[13]

*   konservativ-etabliertes Milieu,
*   liberal-intellektuelles Milieu,
*   Milieu der Performer,
*   sozialökologisches Milieu,
*   expeditives Milieu,
*   traditionelles Milieu,
*   bürgerliche Mitte,
*   adaptiv-pragmatisches Milieu,
*   prekäres Milieu oder
*   hedonistisches Milieu[14].

Wie taut man einen Schweiger auf? Manchmal hilft es, wenn man seine Hobbys kennt. Spielt der Mann begeistert Golf, reist er regelmäßig irgendwohin oder beschäftigt er sich mit etwas anderem, das als Einstieg in die Kommunikation versucht werden könnte, wenn sonst gar nichts geht? **Hobbys**

Gehört er irgendwelchen Vereinigungen oder Milieus an, die sein Denken und Verhalten nachhaltig beeinflussen könnten? Gibt es aus diesen Bereichen Anknüpfungspunkte für den Gesprächsinhalt? **Vereine Gruppen**

Ist der Informant eher die graue Maus, ein Mitläufer, der zwar die Spiele seines Vereins besucht, aber sonst nicht auffällt? Oder ist er ein Funktionsträger, gibt er gerne den Ton an? Ist er es gewohnt sich durchzusetzen oder gar zu intrigieren? **Mitläufer Meinungsführer**

Weiß man etwas über psychische Besonderheiten, Aggressivität, Depression oder andere Eigenschaften, die sich auf den Gesprächsverlauf auswirken könnten? **Psyche**

Ist anderes bekannt, das ungewöhnlich ist und Einfluss auf das Interview ausüben könnte: Drogen, Vorstrafen, Offenbarungseid oder Gerichtsverfahren? **Auffälligkeiten**

Je unvollständiger das Wissen des Interviewers über den Informanten ist, desto vorsichtiger muss er mit möglicherweise heiklen Themen umgehen. Die Kenntnis des anderen ist Voraussetzung dafür, dass man keinen Ärger auslöst mit **Heikle Themen**

13 http://www.sinus-institut.de/
14 http://www.sinus-institut.de/loesungen/sinus-milieus.html

- Humor, Witz,
- Bemerkungen über Sex,
- Religion,
- Politik,
- Kultur oder
- Nation.

Hypothese Man kann kein wirklich vollständiges Profil anlegen, nicht auf alle Fragen eine Antwort erwarten; es ist eher eine Hypothese, die mehr oder weniger zutreffend ist. Auf keinen Fall darf diese Annahme über einen Fremden zu Schubladendenken führen und den Rechercheur mit Vorurteilen belasten.

Interessen des Informanten Über eines aber sollte jeder Rechercheur Bescheid wissen, bevor es losgeht: Welche Interessen hat mein Gegenüber am Interview? Wenigstens im Anschluss muss man die Interessen des anderen einschätzen können.

 Wenn diese Frage nicht genügend sicher zu beantworten ist, sind Skepsis und Misstrauen angebracht. Die beste Antwort wäre: „Weder eigene Interessen noch erkennbarer Wunsch in der Zeitung zu stehen."

Wem nutzt es? Fast wie bei der Polizei: Immer ist die Frage zu stellen, ob hinter der Oberfläche einer Aussage in der Tiefe etwas versteckt sein könnte, das ihren Inhalt bestimmt. Niemals ein blauäugiges Glauben, stattdessen professionelles – dennoch nicht unfreundliches – Misstrauen. Ein Kriminalbeamter im Interview zu diesem Buch: „Warum lügt einer? Das kann ein Taxifahrer sein, der eine Schwarzfahrt gemacht hat. Er schwindelt, weil er Angst hat, dass seine Mogelei herauskommt. Damit verhindert er aber womöglich, dass wir in einem Mordfall weiterkommen. Die Schwarzfahrt ist Kleinkram, wenn man an das Tötungsdelikt denkt. Sie ist aber für den Fahrer überragend, weil er vielleicht seine berufliche Existenz aufs Spiel setzt, wenn sie herauskommt."

Mixtur aus Handlungen und logischen Folgen Das Motiv des Taxifahrers, der seinen Chef betrügt, wenn er Fahrgäste befördert, ohne die Uhr einzuschalten, hat mit dem Inhalt der Ermittlungen nichts zu tun. Es ist ein anderer Handlungsstrang, der nur zufällig die Arbeit der Beamten kreuzt. Jeder Kinofilm, der eine solche Mixtur von Beweggründen ungefiltert abbilden würde, stürzte den Zuschauer in heillose Verwirrung. Doch im wirklichen Leben purzelt alles durcheinander, überlagert sich, ist oft selbst dann verworren, wenn es auf den ersten Blick tadellos geordnet zu sein scheint. Die Recherche muss dieses Knäuel entwirren, die eigenen Ergebnisse in Frage stellen. Irgendetwas übersehen? Könnte nicht alles auch ganz anders sein?

Zusammenfassung

An die Bedürfnisse des Gesprächspartners denkt man zuerst: Je gefährdeter seine Position ist, je beunruhigender die Welt für ihn aussieht, desto deutlicher kann sich dieser Hintergrund auf das Interview auswirken. Das Modell Maslows hilft, diese Zusammenhänge zu verstehen und Konsequenzen für die eigene Arbeit zu ziehen.

Wie sich einer selbst wahrnimmt, wie die anderen ihn sehen: eine unendliche Geschichte von Missverständnissen, Selbstüberschätzung und Ursachen kommunikativer Desaster. Das Johari-Fenster, eine Art Raster, hilft bei der Einordnung unterschiedlicher Sichtweisen.

Was ist das für einer? Das ist immer auch die Frage nach dem Temperament. Geht er schnell in die Luft? Redet er ohne Punkt und Komma oder kriegt er die Zähne nicht auseinander? Man läuft schnell ins offene Messer, wenn man zu einem Interview aufbricht und über diese Persönlichkeitseigenschaften nicht nachgedacht hat.

Schließlich das sozio-ökonomische Profil, von der Bildung bis zum Lebensstandard, Religion und Nationalität: Was sich auf das Gesprächsverhalten des Informanten auswirken kann, sollte der Interviewer wissen, bevor man sich trifft.

2 Kommunizieren

Man trifft sich und redet miteinander: tägliche Erfahrung jedes einigermaßen kommunikationsfreudigen Menschen. Mancher ist ein Naturtalent und erreicht im Gespräch fast immer, was er sich vorgenommen hatte. Andere verlassen sich auf den Nasenfaktor: Wenn das Klima zwischen den Beteiligten stimmt, kann auch nichts schiefgehen.

In der Informationsbeschaffung muss es funktionieren. Wenn Recherchegespräche scheitern, heißt das: neue Quellen suchen, mehr Zeitaufwand, höhere Kosten. Das bildet den Hintergrund, sich mit den Grundlagen der menschlichen Kommunikation zu beschäftigen und das Wissen darüber auf seinen Nutzen für die Arbeit des Rechercheurs zu untersuchen.

2.1 Professionelle Gesprächsführung

In einem Recherche-Interview unterhält sich der Redakteur mit seinem Informanten nicht unverbindlich, vergleichbar der Plauderei zweier Kollegen. Wenigstens auf drei Ebenen ist die Gesprächssituation anders:
* Der Rechercheur hat ein **Ziel,**
* er **führt** das Gespräch und
* nutzt **Profiwissen,** um zum Erfolg zu kommen.

Je mehr Zeit für Vorbereitung und Durchführung des Treffens nötig wird, desto deutlicher rückt das Ziel in den Vordergrund. Aufwand und Ertrag müssen zusammenpassen. Dienstleister, die für Broschüren, Betriebszeitungen und andere Auftragsarbeiten recherchieren, müssen Gespräche in Rechnung stellen. Wie im Taxi: Sobald der Wagen anfährt, wird die Uhr eingeschaltet; die Minuten und Kilometer zählen jetzt.

Ziel

Führen   Zeitdruck, Kosten und Ziel legen dem Rechercheur nahe, das
Gespräch im Wortsinne zu führen. Man kann es nicht dem Zufall überlassen, ob etwas herauskommt oder nicht. Dieser Aspekt
birgt gelegentlich Konfliktstoff, wenn man auf Informanten trifft,
die ihrerseits gewohnt sind, den Ton anzugeben.

Profiwissen   Ein bisschen Wissen über das Kommunizieren bringen heute viele Gesprächspartner mit. Etwa Anfang der neunziger Jahre
hatte man auch in der Wirtschaft die Kommunikation entdeckt.
Man begriff, dass Erfolge nicht ausschließlich den technischen
Entwicklungen und der betriebswirtschaftlichen Raffinesse zu
verdanken sind. Nein, die Menschen müssen auch miteinander
reden, Chefs mit ihren Untergebenen und viele mit den Kunden. Ein reiches Angebot an Büchern und Seminaren füllte die
Marktlücke. Man studierte Körpersprache, lernte Grundregeln
des Kommunizierens und vieles, das bei der Bewältigung alltäg-
licher zwischenmenschlicher Kontakte helfen kann. Schnell ent-
wickelten sich Verhaltensweisen, die man heute vielerorts antrifft,
etwa die freundliche Telefonstimme, überall die gleiche Hilfsbe-
reitschaft vortäuschend, blass, farblos und ohne Identität: „Was
kann ich für Sie tun?"

Professionelle Gesprächsführung geht nicht nach einstudier-
ten Mustern vor, Recherchegespräche finden nicht in standardisierten Umgebungen statt. Der Interviewer muss für jeden Gesprächspartner, jedes Thema und jede Situation sein Verhalten
und seine Strategie anpassen. Dabei hilft die Kenntnis einiger
Grundlagen der menschlichen Kommunikation.

Kommunika-   Manches ist recht stabiles Basiswissen, zum Beispiel der Lehr-
tionsmodelle   satz, dass man auf vier unterschiedliche Weisen sprechen und hören kann. Anderes ist einigermaßen vage oder wenigstens nur
mit Vorbehalt zu nutzen, wie das Lesen der Körpersprache. Einiges ist wissenschaftlich wenigstens umstritten, beispielsweise
die Transaktionsanalyse. Wir nutzen solche Modelle wie den Zau-
ber des Medizinmannes: Löst er die Aufgabe, sind die Schmerzen
vorbei, dann ist der Hokuspokus in Ordnung. Nur der Nutzen für
den, der ein Interview führt, interessiert.

2.2 „So habe ich das nicht gemeint..."

Die meisten modernen Kommunikationstheorien haben ihren Ursprung in dem Buch *Sprachtheorie* des Wiener Psychologen Karl Bühler. Darin hatte er Anfang der Dreißigerjahre die Theorie aufgestellt, dass wir die Sprache wie ein Werkzeug benutzen.

Sprache als Werkzeug

Wenn wir jemandem etwas sagen, wollen wir damit in gewisser Weise auch etwas bewirken. Wir setzen die Sprache ein wie einen Hammer oder eine Zange, um eine bestimmte Wirkung zu erzielen. Sprachliche Äußerungen haben demnach drei Funktionen:

- Sie stellen Gegenstände und Sachverhalte dar.   Darstellung
- Sie appellieren an den Empfänger, sollen eine bestimmte Wirkung auf ihn ausüben.   Appell
- Sie drücken Freude, Verliebtheit, Wut, Träume und andere Gefühle des Sprechenden oder Schreibenden aus.   Ausdruck der Gefühle

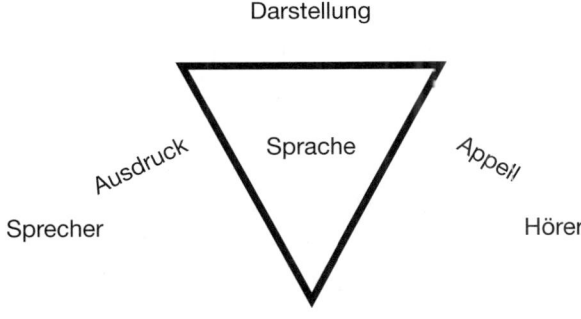

Modell nach Bühler[1]

In der Psychologie haben später Watzlawick, Beavin und Jackson die Rolle der Beziehung zwischen den am Gespräch beteiligten Personen betont. Es liegt nahe, diesen Gedanken mit dem Modell Bühlers zu verbinden.   Beziehung

Dabei entsteht ein Modell, das auch für Recherchegespräche und ähnliche Situationen zutrifft: In jedem Interview entwickelt sich eine Beziehung zwischen den Beteiligen, die eine Rolle spielen und sogar das Gespräch kippen kann.

---

1   Vgl. Bühler, *Sprachtheorie*, S. 28.

Auf vier Ebenen
senden Friedemann Schulz von Thun, den viele Redakteure als einen
Co-Autor des Hamburger Verständlichkeitskonzepts kennen, hat
beides vereint und dem Dreieck eine vierte Seite hinzugefügt.

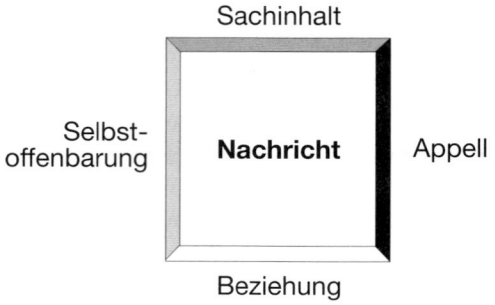

Die vier Seiten einer Nachricht

Nehmen wir ein einfaches Beispiel:[2] Eine Frau und ein Mann sit-
zen im Auto, die Frau fährt. Der Mann sagt: „Du, da vorne ist
grün." Damit könnte er in dieser Situation meinen:
• Beziehung: „Ich muss dir wohl sagen, wo es lang geht."
• Sachinhalt: „Heute geben ja alle Ampeln freie Fahrt."
• Selbstoffenbarung: „Ich muss dringend zu meinem Termin."
• Appell: „Fahr doch bitte etwas schneller."

Da vorne ist grün.

Auf vier Ebenen
empfangen Der Sprecher kann nicht nur auf vier Ebenen senden und mit
einem Satz ganz unterschiedliche kommunikative Absichten verfolgen. Auch der Hörer kann eine Äußerung auf viererlei Weise
auffassen, nimmt sie sozusagen mit einem von vier Ohren wahr:

2   Beispiel aus Schulz von Thun, *Miteinander reden,* S. 31.

Im Beispiel wird die Reaktion der Fahrerin davon abhängen, welche Seite der Nachricht für sie im Vordergrund steht:
- Beziehung: „Fährst du oder fahre ich?"
- Sachinhalt: „Ja, hier ist grüne Welle, das ist ganz angenehm."
- Selbstoffenbarung: „Du hast es eilig?"
- Appell: Gas geben.[3]

Beziehung   Selbstoffenbarung

Sachinhalt   Appell

Der vierohrige Empfänger

Man nimmt also nicht nur den vordergründigen Inhalt einer Äußerung wahr, sondern man bewertet sie in einer von vier möglichen Haltungen:
- Wie redet der eigentlich mit mir?
- Was bedeutet das sachlich?
- Was ist das denn für einer?
- Was soll ich jetzt tun?

Für jede der vier Absichten gibt es also drei mögliche Missverständnisse, darunter leiden auch Interviews. Um Störungen und Fehler so weit wie nur möglich zu vermeiden, ist der Interviewer gut beraten, die Beziehungsebene, Appelle und Gefühle so weit wie möglich auszuklammern und eine professionelle Distanz zu wahren: *(Missverständnis möglich)*
- Sachebene und Beziehungsebene nicht miteinander vermengen!
- Sachlich bleiben, auch wenn der Gesprächspartner emotional wird, weint, schimpft oder flucht.
- Wertungen vermeiden, Fragen überprüfen, ob sie vom anderen als Beziehungsäußerung, Appell oder Selbstoffenbarung missverstanden werden könnten.
- Muss man dennoch die Sachebene verlassen, weil der Gesprächspartner über Empfindungen spricht, Wut, Schmerz oder Trauer äußert, um Hilfe oder Verständnis bittet, bricht

---

3   Nach Schulz von Thun, *Miteinander reden,* Bd. 1, S. 46.

man das Interview an dieser Stelle kurzfristig ab. Jetzt ist Platz für Leid, Zorn und Mitgefühl. Daran anschließend geht es weiter, wieder auf der sachlichen Ebene: „Lassen Sie uns zu dem Ereignis zurückkommen …"

Opfer
Angehörige

Im Gespräch mit Angehörigen und Opfern ist diese Trennung selten durchzuhalten. Das teilnehmende Mitgefühl des Interviewers ist selbstverständlich, wenn Unfälle oder Straftaten Not und Verzweiflung verursachen.

Auch in anderen Interviews kann man diesen Empfehlungen nicht folgen. Wer für eine Mitarbeiterzeitschrift schreibt und den Kollegen interviewt, mit dem er anderntags Skat oder Billard spielt, verzichtet auf die professionelle Distanz. Wenn das Recherchegespräch zur Unterhaltung mit einem Freund wird, nutzen Ratschläge für die Gestaltung eines professionellen Gesprächs kaum.

2.3 Manchmal o.k.

Häufig unterrichten Kommunikationstrainings heute die Transaktionsanalyse. Dieses Konzept wurde von dem amerikanischen Psychologen Eric Berne entwickelt. Geradezu populär wurde es durch das Buch einer seiner Schüler, Thomas A. Harris: „Ich bin o.k. du bist o.k." Es mag wissenschaftlich umstritten sein, stellt aber eine recht gute und auch wirksame Methode zur Verfügung, Gesprächsverhalten zu verstehen.

Drei Ich-Zustände

Kind-Ich

Nach diesem Modell bilden sich in jedem gesunden Menschen drei Ich-Zustände heraus: In den ersten Lebensjahren entwickelt das Kind ein Kind-Ich, **K.** Es kann nicht für sich selbst sorgen, ist auch in den einfachsten Verrichtungen auf die Eltern angewiesen. Diese Erfahrungen werden dauerhaft gespeichert. Auch wenn sie dem Erwachsenen später nicht mehr erinnerlich sind, sind sie dennoch immer im Hintergrund präsent. Die Bedürfnisse nach Nahrung, Streicheln, Spielen sind wichtige Komponenten des **K.**

Schon früh beginnen die Eltern, dem Kleinen Verhaltensrichtlinien zu diktieren und sein Benehmen zu bewerten. Die ihm am

nächsten stehen, lassen das Kind einen zweiten Ich-Zustand entwickeln, einen, der Bewertungen, Richtlinien und Regeln enthält:
das Eltern-Ich, **El**. Dauerhaft speichert das Gehirn Normen und
ein Lebenskonzept, das es dem Verhalten der Eltern entnimmt.

Eltern-Ich

Etwa ab dem zehnten Monat ist die Zeit der völligen Hilflosig-
keit vorbei. Der kleine Mensch beginnt, seine Lebensumgebung
zu erkunden. In dieser Zeit wird die Grundlage für den dritten
Ich-Zustand gelegt: das Erwachsenen-Ich **Er**. Es beginnt, die anderen Ich-Zustände gegen die eigenen Erfahrungen abzuwägen
und zu verändern.

Erwachsenen-
Ich

Die Ausbildung von **K** und **El** sind etwa mit der Einschulung
beendet. Sie sind danach weiterhin ein ganzes Leben präsent und
wirken sich auf das kommunikative und soziale Verhalten des
Menschen aus:

„Das Erwachsenen-Ich entwickelt sich später als Eltern-Ich
und Kindheits-Ich und scheint das ganze Leben hindurch Schwierigkeiten zu haben, den Vorsprung einzuholen. Eltern-Ich und
Kindheits-Ich haben Hauptleitungen besetzt, die direkt geschal-
tet sind und automatisch auf Anrufe (Reize) reagieren."[4]

So weit die Grundlagen dieses Modells. Harris leitet daraus
eine ganze Reihe von Verhaltensformen und Lebensanschauungen
ab; von diesen Überlegungen sind zwei Komponenten in unserem
Zusammenhang bedeutend:

Verhaltensform
Lebensan-
schauung

1. Die „gesunde" Grundhaltung ist: Ich nähere mich
   meinem Gesprächspartner auf gleichberechtigter Ebene,
   der Erwachsene spricht mit einem Erwachsenen. In der
   Ausdrucksweise der Transaktionsanalyse: Ich bin o.k. – du
   bist o.k. Ich lebe mit mir in Frieden, akzeptiere mich und auch
   dich, wer immer du sein magst.

Erwachsener
zu
Erwachsenem

2. Entsprechend sehen dann die Transaktionen zwischen uns
   aus, im Englischen ist die *transaction* auch das Geschäft: Zwei
   treten in Verhandlungen miteinander und wollen ein gemeinsames Ziel erreichen, das Geschäft abschließen. Etwas
   davon ist in jeder Kommunikationssituation, im Gespräch,
   beim Händeschütteln und den anderen kommunikativen
   Umgangsformen: gleich zu gleich.

Transaktion

Die unproblematische Verständigung ist eine Aussprache zweier Erwachsener. Zwar sind Kind-Ich und Eltern-Ich immer vorhanden, sie mischen sich aber nicht merklich in das Gespräch ein.

Ich bin o. k.
Du bist o. k.

---

4   Harris, *Ich bin o.k.*, S. 114.

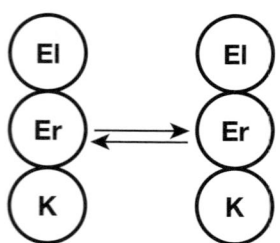

Ideal: Zwei Erwachsenen-Ich kommunizieren

Ideal

Diese Transaktion ist der Idealfall: eine sachliche Auseinandersetzung, orientiert am Gegenstand, über den gesprochen wird. Keiner bevormundet den anderen, keiner zeigt Unterwerfungsgesten oder verhält sich kindlich.

Akzeptierte Rollen

Wir gehen aber nicht immer so miteinander um. Unsere tatsächlichen Transaktionen sehen oft anders aus. Wenn man jemanden zurechtweist oder belehrt, spricht **El** zu **K.** Akzeptiert der andere diese Rolle, dann kommunizieren beide in einer **parallelen Transaktion.**

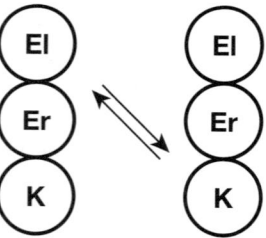

Nicht gleich zu gleich, aber wenigstens parallel.

El: „So geht das nicht! Wie oft muss ich Ihnen das noch sagen?"

K: „Ich hatte überhaupt nicht daran gedacht. Das soll nicht wieder vorkommen."

Rollen nicht akzeptiert

Wenn zwei auf der Basis einer parallelen Transaktion miteinander umgehen, kann die Kommunikation reibungslos verlaufen. Schwierigkeiten bereiten vor allem die **nicht parallelen** Transaktionen:

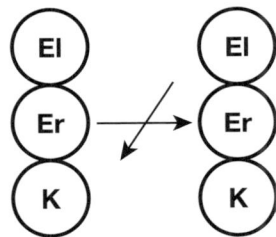

Nicht parallele Transaktion

Er: „Wann wird die nächste Sitzung stattfinden?"

El: „Sehen Sie im Mitteilungsblatt nach. Mit solchen Fragen belästigt man nicht die Hochschulleitung!"

Ein Erwachsener fragt den anderen und erhält eine Antwort, die ihn als Kind behandelt. Man könnte dieses Ereignis als eine gescheiterte Kommunikation abhaken, würde nicht bei manchen die Tendenz vorherrschen, in einer anderen Rolle zu handeln als in der des Erwachsenen. Einige schnöseln sich als ständig belehrende Eltern durchs Leben, andere sind das ewig schmollende Kindchen. Harris' Modell hilft, einige Grundeinstellungen zu erkennen, die sich im Gespräch störend auswirken. Jedes Abweichen vom Erwachsenen-Ich verlangt besondere Aufmerksamkeit des Interviewers.

Prinzipielles Rollenverhalten

Eltern-Ich [5]
Körperlich: gerunzelte Brauen, Stirnfalten, gespitzte Lippen, Zungenschnalzen, Seufzen, einem anderen den Kopf tätscheln, der ausgestreckte Zeigefinger, der entsetzte Augenaufschlag, mit dem Fuß auf den Boden klopfen, Arme in die Seite stemmen, Arme vor der Brust verschränken, Händeringen.

     Sprachlich: „Ich werde dafür sorgen, dass das ein für alle Mal aufhört", „Ich kann es auf den Tod nicht leiden, dass …", „Man muss immer daran denken, dass …", „… nie vergessen, dass …", „Wie oft habe ich schon gesagt, dass …", „dumm", „widerlich", „faul", „böse", „empörend", „idiotisch", „lächerlich", „sehr schlau", „was fällt Ihnen ein", „schon wieder".

Ich weiß etwas – und das besser als du!

---

5   Nach Harris, *Ich bin o.k.*, S. 84 ff.

Kind-Ich

Immer auf die
Kleinen!

Körperlich: Tränen, zitternde Lippen, Schmollen, Wutanfälle, hohe (weinerliche) Stimme, zum Reden die Hand heben, Nägelkauen, Achselzucken, niedergeschlagene Augen, Betteln, Entzücken, Lachen, Grimassen schneiden, Kichern, Glucksen.

Sprachlich: „ich will", „ich wünsche mir", „ich möchte", „weiß ich doch nicht", „ich tu jetzt", „mir doch egal", „ich denk mir".

Recherche-Interview: Erwachsenen-Ich

Begleitmusik

„Die tun doch alle nichts für ihr Geld!" „Das sehe ich auch so, die Stadtverwaltung hat zum Beispiel ..." Auch Eltern-Ichs können parallel miteinander reden. Man bewertet, nörgelt und bekrittelt gemeinsam. Für Profis sind diese Transaktionen nur als atmosphärische Begleitmusik interessant.

Wenn man es nicht schafft, eine Gesprächsatmosphäre zweier Erwachsenen-Ichs herzustellen und aufrechtzuerhalten, wird das Interview anstrengend.

2.4 Kooperatives Verhalten

Der Umgang mit Killerphrasen

Killerphrasen
töten die
Kommunikation

Wann haben Sie eine dieser Redewendungen zum letzten Mal gehört: „Ich habe jetzt wirklich ganz andere Probleme!" „So kann man das nicht machen!" „Das ist zu teuer!" „Das haben wir immer so gemacht!" „Daraus wird nie etwas!" „Das begreift keiner!"

Die Liste könnte über mehrere Seiten gehen. Diese Redewendungen nennt man Killerphrasen. Es sind Phrasen, weil man dergleichen immer wieder verwenden kann, ohne sonderlich nachdenken zu müssen. Killer sind diese Phrasen, weil man darauf nichts erwidern kann, Killerphrasen töten die Kommunikation. Sie erschlagen jedes Argument und sind kaum zu widerlegen.

Zuerst die schlechte Nachricht: Auch unter den Kommunikationsprofis haben wir noch keinen gefunden, der nicht ab und an eine Killerphrase gebraucht. Die gute Nachricht: Wenn man weiß, weshalb diese Formeln gefährlich sind, kann man sofort einschreiten und ergänzen: „Das ist zu teuer! Damit meine ich konkret: ...“

Wenn Ihr Interviewpartner Sie mit Killerphrasen abschütteln will, lassen Sie nicht locker. Sie stellen Ihre Fragen ja nicht grundlos! Die Killerphrase ist manchmal wie ein Wachhund, der Sie davon abhalten soll, ein Gelände zu betreten. Finden Sie heraus, ob auf diesem Gelände etwas versteckt ist, das mit Ihrem Interviewgegenstand zu tun hat!

Betreten verboten!

Gehen Sie dabei äußerst behutsam vor, denn die Killerphrase kann ein Indiz dafür sein, dass der Gesprächspartner verunsichert ist. Ein Beispiel:

Vorsichtig angehen!

Frage: „Ich habe jetzt verstanden, wie das neue Produkt auf einer der gängigen Windows-Plattformen arbeiten wird. Ist denn geplant, dieses Programm auch für Linux anzubieten?“

Antwort: „Das ist viel zu teuer!“

Diese Antwort kann zweierlei bedeuten:
1. Es ist wirklich viel zu teuer, das Programm zu übersetzen.
2. Der Programmierer weiß es nicht, weil das Management mit ihm nicht über solche Entscheidungen spricht. Das ist ihm peinlich. Der Wachhund „Killerphrase“ soll den Interviewer davon abhalten, das Gelände der ruinierten Kommunikation zwischen Management und Mitarbeitern zu erforschen.

Hakt man nun gleich nach, etwa mit der Frage „Wie viele Personentage würde es denn kosten, das Programm zu portieren?“, würde man den Gesprächspartner bloßstellen, wenn dieser die Killerphrase nur als Wächter eingesetzt hat. Besser ist es, sich eine Notiz zu machen und im weiteren Verlauf des Gesprächs noch einmal in etwas veränderter Form auf dieses Thema zu sprechen zu kommen, etwa: „Hat die Leitung schon etwas durchdringen lassen...?“. Wie diese Frage konkret zu stellen ist, hängt von der Situation ab. Auf jeden Fall darf es für den anderen nicht peinlich werden, wenn er noch nicht eingeweiht ist – man hat eben nichts durchdringen lassen.

Beispiel: Gesichtsverlust

Interpretieren Sie Killerphrasen des Interviewpartners zunächst als ein Signal der Schwäche! In einem kooperativen Gespräch nimmt der Redakteur Rücksicht auf solche Signale und löst Killerphrasen behutsam auf.

Wenn es nicht anders geht: Killerphrasen aufbrechen!

Nicht in kooperativen Gesprächen, aber bei anderen Gelegenheiten: Dass jemand den Einsatz solcher Redewendungen übertreibt und dann auch andere Reaktionen angemessen sind, versteht sich von selbst. Dann klappt man das Visier herunter und geht zum Angriff über. Überlegen Sie sich, wie Sie den Satz „Das haben wir immer so gemacht!" auseinander nehmen können. Es ist das Argument des Lemmings, der angeblich immer seinen Weg geht, bis er die Klippen hinabstürzt. Ihr Gegenüber wird dann etwas vorsichtiger werden...

Prinzipien der kooperativen Gesprächsführung

„Wenn du deinen Teller leer isst, darfst du auch ein Eis haben!" Jedes Kind wird diesen Satz so verstehen, dass gleich nach dem Essen das Eis auf den Tisch kommt. Würde man an dieser Stelle die Erwartung des Kindes enttäuschen, etwa mit dem Satz „Ich habe gesagt, dass du ein Eis essen darfst, von *heute* war nicht die Rede", könnte man eine kleine Katastrophe auslösen. Dieses Verhalten wäre nicht kooperativ.

Enttäuschte Erwartungen

Wir kennen viele andere Beispiele nicht-kooperativen Kommunizierens, etwa das sprichwörtliche Kleingedruckte auf der Rückseite eines Vertrages. Oft genug verbergen sich dahinter rechtswirksame Aussagen, die die Erwartung ebenso enttäuschen wie das nicht gehaltene Versprechen des Nachtischs. Solche Kommunikationsstörungen sind derart allgegenwärtig, dass in vielen Lebensbereichen abgrundtiefes Misstrauen bei wenigstens einem der Gesprächspartner die Regel ist.

Zwischen den Zeilen lesen

Dieses Misstrauen macht die Kommunikation nicht unmöglich, es gehört nur zu einer etwas komplizierten Art der Verständigung. Beide Seiten haben gelernt, zwischen den Zeilen zu lesen. Wenn die Spielregeln bekannt sind, entstehen auch keine Missverständnisse.

Unkooperatives Verhalten im Gespräch ist dann gefährlich, wenn der Gesprächspartner nicht damit rechnet. In einem Recherchegespräch erwartet der Interviewte, dass der Redakteur sich partnerschaftlich verhält. Wenn beide sich an einigen wenigen Maximen orientieren, ist der Erfolg des Gesprächs gesichert. Prinzipien für eine kooperative Kommunikation wurden erstmals

1967 von H. Paul Grice veröffentlicht; hier sind sie in einer modernen Sprechweise auf Interviewsituationen übertragen:

Quantitätsprinzipien
- Sag soviel, wie nötig ist!
- Rede aber nicht zu viel!

Prinzipien eines kooperativen Gesprächs

Qualitätsprinzipien
- Erzähle keine Märchen!
- Sage nichts, wovon du glaubst, es sei unwahr!

Relevanzprinzip
- Bleib beim Wesentlichen!

Ausdrucksprinzipien
- Sprich klar und deutlich!
- Fasse dich kurz!
- Gib deinen Sätzen eine nachvollziehbare Ordnung!

Der Interviewer orientiert sich an diesen Prinzipien der kooperativen Kommunikation, wenn er das Vertrauen seines Gesprächspartners gewinnen und Folgegespräche mit ihm führen will. Dass die Leitung des Gesprächs gelegentlich Umwege erzwingt, wenn man den anderen nicht bloßstellen will, wie in dem Beispiel der behutsamen Auflösung von Killerphrasen, gehört zur Natur des Interviews.

Vertrauen gewinnen

2.5 Professionelles Zuhören

„Ich will nicht jedem zuhören." Das ist im Privatleben in Ordnung. In der professionellen Gesprächsführung hat man diese Freiheit nicht. Journalisten nehmen an Pressekonferenzen und Veranstaltungen teil, in denen waschechter Irrsinn kommuniziert wird. Wie Ärzte und Polizisten in ihrer Arbeit auch Menschen aufmerksam zuhören müssen, an denen sie selbst in schlechten Träumen wortlos vorbeigingen, ist genauso von Redakteuren zu erwarten, dass sie in der Recherche jeden Gesprächspartner angemessen behandeln. Wer diese Fähigkeit trainiert hat, kann sie

Im Beruf muss man zuhören können!

dann bei Bedarf auch in anderen Bereichen nutzen.

Aktives
Zuhören Eine wirksame Technik, anderen aufmerksam zuzuhören, ist unter dem Namen „aktives Zuhören" bekannt.

Voraussetzung: Man muss den anderen akzeptieren und versuchen, sich in seine Sichtweise einzufühlen. Im Recherchegespräch stört es, wenn sich Normen, Werte und Beurteilungsraster des Interviewers in den Vordergrund drängen.

Das Verständnis für den anderen bedeutet nicht, dass ich seine Sichtweise auch übernehme!

Ein Beispiel: Wenn mein Gesprächspartner fest davon überzeugt ist, dass seine Partei die vernünftigsten politischen Analysen und Strategien entwickelt, verlangt diese Voraussetzung von mir:

Eigene
Auffassung
zurückhalten 1. Ich akzeptiere, dass er diese politische Position einnimmt. Vielleicht ist sie mir zuwider. Dann werde ich versuchen, es zu verbergen. Was wäre schon gewonnen, wenn ich meinem Informanten „die Leviten lese"? Ich will ihn ja nicht eines Besseren belehren, sondern von ihm etwas erfahren.

Zusammen-
hang begreifen 2. Ich versuche zu verstehen, welche Konsequenzen er auf Grund seiner Sichtweise zieht.

Die eigentliche Kunst besteht darin, eigene Auffassungen zurückzuhalten. Das ist sicher die größte Schwierigkeit für alle, die ein Recherchegespräch führen. Diese Anforderung ist aber – fast immer – an alle Interviewer gestellt, ob Soziologe, Psychologe oder Redakteur: Der Interviewer „hat alle Ansichten ungerührt hinzunehmen und darf unter keinen Umständen Überraschung oder Missbilligung zeigen".[6] Es mag Ausnahmen geben, wenn das Gespräch bewusst provozierend geführt werden muss oder die

Kein
Streitgespräch Situation zu entgleiten droht. Der typische Anfängerfehler ist jedoch, diese wenigen Sonderfälle nicht zu erkennen und stattdessen die eigene Position in Interviews zu häufig und am falschen Ort zu vertreten.

Beim aktiven Zuhören handelt auch der Hörende. Er hält den Blickkontakt, ohne den Redenden anzustarren. Gelegentliches Kopfnicken, „hm", „ja" und andere Hilfen bestätigen dem Sprecher, dass man auf Empfang ist.

---

6   Sheatsley, *Die Kunst des Interviewens*, S. 127.

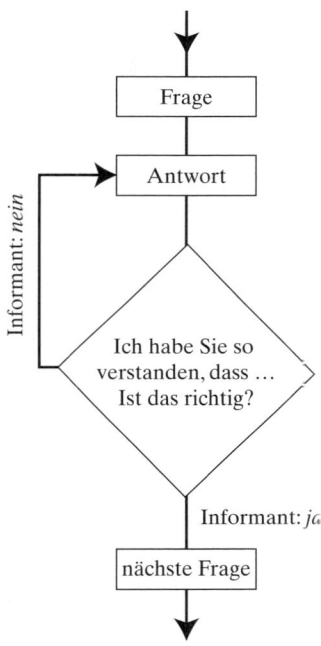

Verständnis kontrollieren

Geben Sie dem anderen ein Feedback, so können Sie Gesprächs-   Feedback
pausen überbrücken, das Verständnis kontrollieren und ihn zum   geben
Weiterreden ermuntern. Korrekturen sind sofort möglich, wenn
man etwas falsch verstanden hat.

Sprechen Sie in der ersten Person, der Ichform („Ich habe Sie   Ich-Form
so verstanden, dass...") und vermeiden Sie es, Behauptungen auf-
zustellen („Sie haben gesagt, dass..."). Die Ichform führt bei Ver-
ständnisfehlern dazu, dass der Interviewpartner den Irrtum bei
Ihnen sucht. Dieser Effekt ist erwünscht, er hilft, Kommunikationsstörungen zu vermeiden. Ein Beispiel:

Frage: „Ich habe Sie so verstanden, dass nächstes Jahr das
            Schützenfest auf zehn Tage beschränkt wird?"

Antwort: „Nein, da haben Sie mich falsch verstanden. Es
            gibt einige, die das wollen. Die konnten sich aber
            nicht durchsetzen."

Der Interviewer hat in diesem Beispiel nicht verstanden. Schlecht wäre:

Frage: „Sie haben gesagt, dass nächstes Jahr das Schützenfest auf zehn Tage beschränkt wird?"

Antwort: „Ach was, so habe ich das doch nicht gesagt!"

Das gleiche Szenario, dennoch führt diese Fragestellung dazu, dass der Gesprächspartner – je nach Temperament – sich ins Unrecht gesetzt sieht.

Aktives Zuhören kann einem das Leben unerhört erleichtern. Man lässt den anderen wirklich aussprechen, bemüht sich, Missverständnisse zu vermeiden und kommt auf einem erfreulichen Weg zu gemeinsamen Ergebnissen.

Therapeutische Technik

Das aktive Zuhören steht in der Nähe zu einer psychotherapeutischen Technik, die von Carl Rogers entwickelt worden ist. Eine Therapie nach seinem Verfahren zeichnet sich vor allem durch drei Faktoren aus:

- die Echtheit des Therapeuten (zu sich selbst stehen, keine falsche Fürsorglichkeit),
- das vollständige und bedingungsfreie Akzeptieren des Klienten (nicht mehr: des Patienten) und
- ein einfühlendes Verstehen, die Empathie.

Das geduldige Zuhören fällt nicht jedem leicht. Viele Menschen warten im Gespräch nur darauf, ihren Senf beizusteuern. Diese Ungeduld verselbständigt sich und macht es einem schwer, erfolgreiche Interviews zu führen. Mit etwas Training kann sich aber jeder in einen Zuhörer verwandeln.

Aktives Zuhören spielerisch üben

Sie können aktives Zuhören erlernen und üben. Dazu brauchen Sie Kollegen, Freunde oder Familienangehörige, die ein bisschen Spaß daran haben, ihre eigene Kommunikationsfähigkeit zu entwickeln. Suchen Sie sich ein kontroverses Thema aus, über das man prächtig streiten kann, beispielsweise die Kernkraft. Je weniger Sie übereinstimmen, desto besser ist es. Wenn es nicht zu viel Aufwand ist, lassen Sie ein Tonband mitlaufen. Nun beginnt das Spiel:

A: „Ich denke, es wäre ein Fehler, die Kernkraftwerke vom Netz zu nehmen. Schließlich ..."

Der Beitrag darf nicht zu lang sein, denn B soll nun wiedergeben, was A gesagt hat.

B: „Du bist der Auffassung, dass es ein Fehler wäre, die Kernkraftwerke vom Netz zu nehmen. Schließlich ...“

So einfach wird es am Anfang mit Sicherheit nicht funktionieren! Vielleicht kann B sich nicht zurückhalten:

B: „Ach was, Atomkraftwerke sind gefährlich!“

Die Aufgabe von A ist es, zu bewerten, ob B ihn richtig wiedergegeben hat. Zu Beginn dieses Spiels kann man sich durchaus zehn Minuten über einige wenige Sätze streiten. Gibt er nun richtig wieder oder nicht? Ich habe doch „Kernkraftwerk“ gesagt, nicht „Atomkraftwerk“, dieses Wort habe ich bewusst gewählt.

Sie können dieses Spiel variieren, indem Sie verlangen, dass möglichst wörtlich wiedergegeben oder nur zusammengefasst wird. Man kann auch einen Schiedsrichter hinzuziehen, der die Richtigkeit der Wiedergabe bestätigen muss, bevor das Gespräch fortgesetzt wird. Diese Rolle kann ersatzweise ein Tonband übernehmen. *Regeln verändern*

Wenn Sie diese Übung durchführen, werden Sie vielleicht den Erfahrungen aus vielen Seminaren und Trainings zustimmen: Es ist unerhört schwer, den anderen ausreden zu lassen, wenn ein Thema wirklich kontrovers ist.

Mancher muss das Zuhören tatsächlich erlernen, um das Gesagte so aufzunehmen, wie es tatsächlich geäußert wurde. Je häufiger man übt, desto besser klappt es. Beide Partner gewinnen bei diesem Spiel, denn richtiges Zuhören ist auch in anderen Lebensbereichen ein Vorteil. Fehler macht man als Sprecher und als Hörer, die häufigsten sind:

„Auf der Seite des Sprechenden: *Fehler beim aktiven Zuhören*
- Organisiert seine Gedanken nicht, bevor er spricht.
- Bringt zu viele Ideen in seine Äußerungen ein, oft untereinander nicht verbunden, sodass eine Zusammenfassung für den Partner schwierig wird.
- Bestimmte Punkte der Antwort des vorausgehenden Sprechers werden übersehen. Es wird daher nicht aktuell zu dem geantwortet, was zuvor gesagt wurde.

Auf der Seite des Zuhörers:
- Hat keine ungeteilte Aufmerksamkeit.
- Denkt an seine Antwort, statt aufmerksam zuzuhören.
- Neigt dazu, eher auf Details zu hören, als auf die wesentlichen Mitteilungen."[7]

Belastungen in Grenzen halten

Mitgefühl kann belasten

In Recherche-Interviews reden Menschen über Schicksale, die auch den abgebrühtesten Reporter manchmal nicht kalt lassen. Das müssen nicht einmal die dramatischen Ereignisse des Alltags sein, die morgens in der Zeitung stehen: Liebe, Tod und Leidenschaft. Manchen zehrt schon das innerbetriebliche Interview mit dem Kollegen auf, der über familiäre Probleme klagt, über Mobbing und seine Angst um den Arbeitsplatz berichtet.

Wie schafft man es, zuzuhören und dem anderen Verständnis entgegenzubringen, ohne gleichzeitig selber von den Sorgen und Nöten der Gesprächspartner aufgefressen und über die Jahre ausgebrannt zu werden? Eine Antwort, die jedem hilft, sucht man vergebens. Es gibt aber einige Tipps von Ärzten.

Mitgefühl und Distanz gleichzeitig

Das Kunststück liegt darin, Mitgefühl und Distanz gleichermaßen zu leben. Wer seine Stärken und Schwächen kennt, in sich ruht und mit einem gesunden, nicht übertriebenen Selbstvertrauen ausgestattet ist, wer authentisch bleibt und zu sich selbst steht, hat die besten Chancen, als Gesprächspartner auch in kritischen Situationen akzeptiert zu werden. Schmerz und Verzweiflung perlen zwar nicht vom ausgeglichenen Redakteur ab, sie verlieren aber ihre zerstörerische Wirkung. Darin kann man von Ärzten lernen:

„Empathie ist prinzipiell nicht abhängig von einem einzigen Persönlichkeitsmerkmal. Nach umfangreichen Untersuchungen der Therapeutenpersönlichkeit zeigen sich jedoch Zusammenhänge zwischen guter Stimmung, Gelassenheit und Geselligkeit sowie positiver Allgemeinbefindlichkeit auf Seiten des Arztes mit einer allgemeinen therapeutischen Funktionsfähigkeit im Sinne des einfühlenden Verstehens. Vermutlich kommt dieses Resultat dadurch zustande, dass Ärzte mit diesen Merkmalen relativ gesund und stabil sind und allgemein sich wenig abwehrend verhalten. Diese Hypothese wird dadurch erhärtet, dass solche Ärzte große Probleme mit Empathie und Akzeptierung des Patienten

---

7   Brocher, *Gruppendynamik*, S. 159.

haben, die Persönlichkeitsmerkmale wie ‚wenig zur Selbstreflexion neigend', ‚kaum selbstkritisch' aufweisen. Relative psychische Stabilität, gepaart mit Reflexionsfähigkeit, scheinen positive Voraussetzungen empathischen Verstehens des Patienten." [8]

Für die Ausbildung wäre ein erstrebenswertes Ziel, Anfänger in der Recherche bei solchen Interviews zu unterstützen, die seelisch belastend sind. Sogar erfahrene Therapeuten, die in psychischen Konfliktfeldern arbeiten, legen auf regelmäßige Supervisionssitzungen Wert. Wenn die Redaktion, der Studiengang oder die Ausbildungseinrichtung eine solche Unterstützung nicht bietet, können sich Volontäre und Studenten auch selber helfen: regelmäßige Treffen zur Müllabfuhr im Großhirn.

Erlebnisse aufarbeiten

2.6 Den Interviewpartner und sich selbst beobachten

Am Gespräch sind nicht nur die Sprache, das Sprechen und das Hören beteiligt. Mimik, Gestik, der Blick und die Körpersprache vermitteln Informationen, während wir miteinander reden. Unbewusst funktioniert dieser Teil der Kommunikation mehr oder weniger gut.

Körpersprache Mimik Gestik Blick

Schwierig wird es, wenn man diesen Anteil an der Kommunikation bewusst wahrnehmen will. Die Signale sind keineswegs eindeutig. Schlimmer noch, sie sind teilweise von fast gegensätzlicher Bedeutung, die Unterschiede sind für Laien nur schwer zu erkennen. Deutet der an die Nase angelegte Finger nun auf eine Lüge hin, oder lässt er auf Nachdenklichkeit schließen? Beide Interpretationen wären möglich. Dazu können Bücher nur unterstützende Informationen liefern, sie können niemals Ersatz für ein gründliches Training sein.

Wie weit körpersprachliche Äußerungen tatsächlich informieren können, berichten Beobachtungen von Menschen, die Sprache nicht verarbeiten können: Aphasiker. Das sind Patienten, die aus unterschiedlichen Gründen, etwa wegen einer Hirnverletzung oder eines Tumors, sprachliche Fähigkeiten verloren haben. Der Psychiater Oliver Sacks schreibt, er habe „manchmal – wie alle, die viel mit Aphasie-Patienten arbeiten – das Gefühl, dass

Verstehen trotz Sprachverlust

---

8   Geyer, *Das ärztliche Gespräch*, S. 35.

es unmöglich ist, einen solchen Menschen anzulügen. Er versteht
die Worte nicht und kann also auch nicht durch sie getäuscht werden, aber das, was er versteht, versteht er mit unfehlbarer Präzi-
sion: den körperlichen Gesamtausdruck, der die Worte begleitet,
jene totale, spontane, unwillkürliche Ausstrahlung, die niemals si-
muliert oder gefälscht werden kann, wie es bei Worten nur allzu
leicht der Fall ist ...“[9]

Schwindelgeschichten

Mit dem Körper
lügen

Mit dem Körper und mit den Augen kann man nicht gut lügen.
Wir haben sie längst nicht so unter Kontrolle wie die Sprache.
Wörter und Sätze können problemlos das Gegenteil von dem sa-
gen, was man wirklich denkt. Sie sind dem Ziel entsprechend ge-
baut, können das Gegenüber täuschen, nicht so der körperliche
Gesamtausdruck.

Je größer der Stress, desto schwieriger wird die Körperbeherrschung.

Der Stress
des Lügners

Tief im Innern kennt der Sprecher natürlich die Wahrheit. Sein
Gehirn weiß sozusagen auch das Gegenteil von dem, was er laut
sagt. Er muss nun mehr leisten als jemand, der nichts zu verbergen hat:

---

9   Sacks, *Der Mann*, S. 117 f.

- Seine Geschichte kontrollieren,
- nichts durcheinander bringen,
- keine Widersprüche in seinen Beiträgen erzeugen,
- alles einleuchtend gestalten,
- gleichzeitig die Wirkung des Gesagten auf den Interviewer beobachten und
- steuernd eingreifen, wenn etwas nicht gut ankommt.

Weil das ein ordentlicher Stress ist, der leicht dazu führen kann, dass das Kartenhaus zusammenbricht, lernen manche Ganoven einfach eine Geschichte auswendig. Sie können sich dann nicht so leicht verraten. Der Nachteil dieser Technik ist, dass dem Erzählten nun die Lebendigkeit fehlt, der ständige Wechsel, die Verschiebung von Perspektiven, die kleinen Irrtümer und Ungenauigkeiten, die Menschen auszeichnen.

Die Anspannung, alles kontrollieren zu müssen, wirkt sich schnell darauf aus, wie das Gehirn den Körper steuert, normalerweise auf eine von zwei Arten:

1. Die Körpersprache drückt das Gegenteil von dem aus, was die Worte sagen.
2. Oder sie offenbart allgemeine Unsicherheit und Lüge.

Manchmal liefert diese „Sprache" also Hinweise, die aber nur sehr selten eindeutig sind. Gestik, Mimik und Körperhaltung eines Gesprächspartners, der offen und ehrlich antwortet, passen zusammen. Seine Hände unterstreichen das Gesagte, er sitzt nicht verkrampft, die Arme können sich öffnen, müssen nicht eng am Körper anliegen. Der Kopf – gelegentlich der ganze Oberkörper – wendet sich dem Interviewer zu, sich oft im gleichen Rhythmus bewegend wie der des Fragenden. Mit Abstand betrachtet wirkt die Situation harmonisch und in sich schlüssig.

Selten eindeutig

Beim Schwindeln läuft oft etwas aus dem Ruder. Vielleicht passen Sitzposition, Beine und Arme ins Bild, dafür ist der Kopf abwehrend nach hinten gestreckt – als wollte man den kommenden Schlag rechtzeitig erkennen, um ihn parieren zu können. Oder die Hände funktionieren nicht richtig, unterstützen das Gesprochene nicht.

„Je wohler sich jemand in einer Gesprächssituation insgesamt fühlt, desto einfacher wird es sein, die wichtigen nonverbalen Zeichen für Unbehagen zu erkennen, die mit einem plötzlichen Täuschungsmanöver üblicherweise einhergehen. Ihr Ziel sollte also sein, zu Beginn einer jeden Interaktion eine entspannte Atmosphäre zu schaffen, in der sich die betreffende Person wohl und

Tipp:
In unkritischen
Momenten
beobachten

nicht bedroht fühlt. Dies wird Ihnen dabei helfen, das Ausgangsverhalten der Person zu bestimmen."[10] Um Hinweise auf Täuschungen erkennen zu können, nutzt es also, die Haltung des anderen besonders aufmerksam in der Startphase des Interviews zu
beobachten: Der Rechercheur erkennt das Ausgangsverhalten.

Meist werden dann irgendwelche harmlosen Themen angesprochen, Anreise, Wetter, Befindlichkeit und dergleichen. Der
Partner findet sich langsam in die Gesprächssituation ein. Auf-
schlussreich kann die Beobachtung von Veränderungen im Verhalten, in der Körpersprache sein, wenn etwas angeschnitten
wird, das die Lüge lohnt. Antwortet der Informant dann zusätzlich mit Killerphrasen oder Gegenfragen – „So einfach ist das alles nicht" oder „Woher haben Sie das?" –, ist man wahrscheinlich
auf etwas gestoßen, das verborgen werden soll.

Doch eindeutig ist selbst das Zusammentreffen sprachlicher
und nicht-sprachlicher Zeichen nicht. Es ist ein Tipp, mehr nicht.

Jedem als Trost, der sich darüber ärgert, wenn man ihm einen
Bären aufbinden konnte: Die meisten haben Schwierigkeiten,
Lügen auf Anhieb nur aus dem Beobachten der Körpersprache
zu erkennen. Paul Ekman nennt sechs Gründe für die allgemeine
Unaufmerksamkeit:

1. Die Lüge hat als Voraussetzung die Privatheit, man muss sein
   Leben und seine Erfahrungen vor den anderen verbergen
   können. Dieser Aspekt spielt in der Evolution erst seit ver-
   hältnismäßig kurzer Zeit eine Rolle.
2. Eltern wären schlecht beraten, ihre Kinder auf das Erkennen
   von Lügen zu trainieren. Für viele gehört es zur Erziehung,
   dass man dem Nachwuchs nicht alles erzählt, manches ver-
   schönt oder einfach schwindelt.
3. Misstrauen geht auf Kosten von Sympathien und Freund-
   schaften. Deswegen beobachtet man seine Freunde und
   Verwandte im Gespräch besser nicht zu aufmerksam. Wer sich
   wegen irgendwelcher Märchen nicht gleich aufregt, ist in seinem Bekanntenkreis ein angenehmer Gesprächspartner.
4. Oft genug ist die Lüge sogar willkommen, wir wollen es gar
   nicht so genau wissen. Die Wahrheit würde uns manchmal
   überfordern.
5. Wir werden dazu erzogen, uns höflich zu verhalten und die
   Neugier zu bändigen. Manches wird peinlich, wenn man ihm

---

10 Navarro, *Menschen lesen*, S. 224.

auf den Grund geht, davor schützt die Haltung: „Ich will das lieber gar nicht erst wissen."

6. Nach Ekman haben sogar Polizisten und Staatsanwälte Schwierigkeiten, Unwahrheiten zuverlässig aus der Beobachtung von Mimik, Gestik und Körperhaltung zu erkennen. Der Grund ist, dass sie mit Lügen überversorgt sind. Zuviel Schwindelei macht eben auch betriebsblind.[11]

Die amerikanische Fernsehserie *Lie to me* nutzt die Forschungsergebnisse Ekmans. Psychologen – meist im Auftrag von Strafverfolgungsbehörden – lösen darin Lügengeschichten auf, indem sie vor allem die Körpersprache und die Mimik beobachten. Die Wirklichkeit sieht jedoch anders aus. Wohl kann man, wenn der Aufwand lohnt, einen Informanten filmen und in Zeitlupe das Material analysieren, man wird dabei auch oft verräterische Spuren entdecken; dieses Verfahren ist aber meilenweit von der Realität des Rechercheurs entfernt.

Auch Ekman warnt seine Leser „Die Abwesenheit eines Anzeichens für eine Täuschung ist kein Beweis für die Wahrheit. Bei manchen Menschen sickert einfach nichts durch. Die Anwesenheit eines Täuschungsanzeichens ist nicht immer ein Beweis für eine Lüge. Manche Menschen erscheinen verlegen oder schuldig, selbst wenn sie ehrlich sind."[12]

Schauspieler können weinen, wenn es die Rolle verlangt. Körpersprachliche Signale sind nicht zuverlässig! Man weiß nicht, worin die Lüge tatsächlich besteht. Vielleicht ist man dem anderen nur unsympathisch, geht ihm auf die Nerven – geschwindelt ist dann die Liebenswürdigkeit, mit der geantwortet wird. Womöglich haben angeblich eindeutige Zeichen auch nichts mit dem Interview zu tun.

„Ich weiß nicht, was es ist, bin mir aber fast sicher, dass mit diesem Informanten irgendetwas nicht stimmt." Vielleicht ein Vorurteil, ein Irrtum. Womöglich habe ich aber unbewusst die Körpersprache wahrgenommen, eine Alarmglocke wurde ausgelöst.

Dem Gefühl vertrauen

Wenn Sie aus einem Interview gehen und das Gefühl haben, dass Ihnen nicht die Wahrheit mitgeteilt worden ist, wenn Ihnen

---

11 Ekman, *Why Don't We Catch Liars?*
12 Ekman, *Ich weiß*, S. 244. Dies ist nur Teil einer von zehn Vorsichtsmaßnahmen, die Ekman seinen Lesern mit auf den Weg gibt.

irgendetwas sagt, dass Fakten verschwiegen worden sind, die Sie für Ihre Arbeit hätten wissen müssen: Vertrauen Sie Ihrem Misstrauen!

Auch wenn nur der Instinkt sagt, dass in einem Gespräch etwas nicht in Ordnung war, wenn es keine Beweise für Täuschungen gibt, reicht das zur erweiterten Skepsis: Ergebnisse gegenprüfen, zusätzliche Quellen für die Informationsbeschaffung erschließen.

Befehl von oben

In betrieblichen Interviews – PR, Mitarbeiterzeitschriften, Technikredaktion – sind oft nicht eigene Verfehlungen, Intrigen oder Missgunst die Ursache für faustdicke Schwindeleien. Oft ist es die Direktive von oben: „Darüber sprechen wir mit niemandem ein Wort. Das braucht keiner zu wissen." Der Mitarbeiter löffelt dann im Interview aus, was ihm ein Manager eingebrockt hat.

Selber lügen

Der Rechercheur selbst sagt auch nicht immer die Wahrheit. Anders wäre es unmöglich, diejenigen zu schützen, von denen er etwas erfahren hat. Er kann und will auch nicht alles preisgeben, was beim gegenwärtigen Stand der Informationsbeschaffung herausgekommen ist. Drastisch formuliert:

Sie müssen selber lügen können! Wenn Sie durch Fragen eigenes Hintergrundmaterial und damit auch einen Informanten preisgeben könnten, basteln Sie sich eine kleine Legende. Wie sind Sie an diese Informationen gelangt? Alles so absichern, dass die Wahrheit verborgen bleibt. „Daran denken Journalisten oft zu spät. ‚Das können sie doch nur von dem XY haben', hält Ihnen da jemand vor. Da darf es einfach nicht passieren, dass Sie sich räuspern müssen oder rot werden. Jetzt nur den Kopf zu schütteln oder zu sagen, ‚dazu muss ich Ihnen keine Auskunft geben', oder, ‚das spielt hier keine Rolle', genügt nicht, um Informanten zu schützen."[13]

Auf Signale achten

Ein kleiner Fehler, den der Interviewer beim Gespräch begeht, kann sich zum Desaster hochschaukeln, wenn man den anderen nicht gründlich beobachtet.

---

13 Schöfthaler, *Recherche*, S. 141.

Treibt man jemanden – beabsichtigt – erfolgreich in die Enge, wird sich das mitteilen. Nicht unbedingt durch die kleinen Schweißperlen, von denen Kriminalromane berichten, eher in einer allgemeinen Unruhe, die der Informant ausstrahlt. Geübte Interviewpartner legen dann die einstudierte Rüstung an, in der sie jeden weiteren Angriff abzublocken hoffen. Blick und Haltung des Politikers werden dann etwas straffer, er kehrt zu einem Axiom, einem Grundsatz der von ihm vertretenen Politik, zurück: „Sie wollen doch nicht sagen, dass die, die nichts haben, alles bezahlen sollen!" oder „Bei uns gilt noch der Satz, dass Leistung sich lohnen muss!"

In die Enge treiben

Vorgefertigte Textbausteine, Sätze in Dosen aus dem Regal, eine Art Reling, an der sich der beim Schlawinern ertappte Wortjongleur nun aus dem gefährlichen Wind in sicheres Terrain zurückzuziehen hofft. Für den Interviewer ist dieses Verhalten ein Zeichen, dass er auf der richtigen Fährte ist.

Mit Text aus der Tüte Zeit gewinnen

Man kann den Gesprächspartner aber auch unbeabsichtigt in die Enge treiben, ohne dass damit ein Erkenntnisgewinn verbunden wäre. Besonders fühlen sich Informanten schnell bedrängt, die ohnehin nicht gerne reden, die schon das Gespräch mit einem Profi als unangenehm empfinden. Solche Entwicklungen muss man beobachten und rechtzeitig einschreiten, Druck aus dem Kessel lassen.

Versehentlich angegriffen

Wenn Sie Ihren Gesprächspartner versehentlich in die Enge treiben: Sofort ein Themawechsel, damit der andere sich beruhigen kann!

Für heute reicht es

Längere Recherchegespräche können auch in einem freundlichen persönlichen Klima zu unangenehmem Stress führen. Darunter leidet vor allem der in dieser Situation Unerfahrene. Nur wenige trauen sich zu sagen: „Ich kann mich nicht mehr konzentrieren, wir müssen aufhören!" Er wird seine Ermüdung nicht in Worte fassen, drückt sie aber in der Sprache des Körpers aus. Der weitere Erfolg mit dem Partner hängt dann davon ab, dass man seine körpersprachlichen Äußerungen richtig interpretiert.

Merken, wenn das Gespräch beendet werden muss!

In einem anstrengenden Gespräch erleben Sie vielleicht, dass der Gesprächspartner sich nach einiger Zeit entspannt zurück-

lehnt und durch seine ganze Haltung, den zufriedenen Gesichts-
ausdruck und den freundlichen Blick zu verstehen gibt: „Genug,
das war es für heute!" Beenden Sie das Interview in diesem Fall,
wenn es irgend geht.

 Kommen Sie besser nicht auf die Idee, weiterzufragen. Vielleicht denken Sie: „Ich habe ordentlich etwas erreicht – da ist
mehr drin." Sie riskieren, einen negativen Eindruck des Treffens
zu hinterlassen. Erkennen Sie, wann ein Gespräch zu Ende ist.

Jetzt rede ich

In einer Interviewsituation ist der Redakteur derjenige, der im
Gespräch das Heft in der Hand haben muss und über den Gesprächsverlauf entscheidet. Sonst entgleitet das Recherchegespräch schnell zur Plauderstunde für den Interviewpartner, und
man geht ohne die gewünschten Informationen nach Hause.

Wann bin ich dran?
Dazu ist es nützlich, ein paar Grundprinzipien über Redebei-
träge und Sprecherwechsel im Gespräch zu wissen. Wer ergreift
wann das Wort? Wann ist es angemessen, sein Gegenüber zu unterbrechen? Dazu muss man wissen, dass Sprecherwechsel nach
universellen Prinzipien ablaufen, die uns oft unbewusst sind.[14]

Signale des anderen
Die Körpersprache des Sprechers signalisiert dem Gesprächspartner, dass er nun das Wort ergreifen kann. Dazu zählen Signale
wie:

• Zurücklehnen,
• Senken der Stimme,
• Pausen,
• erwartungsvoller Blick,
• reduzierte Lautstärke.[15]

Umgekehrt kann auch der Zuhörer durch seine Körpersprache
andeuten, dass er endlich etwas sagen möchte:

• tiefes Einatmen,
• Straffung der Körperhaltung,
• Nicken,

---

14 Vgl. Meibauer, *Pragmatik*, S. 131.
15 Vgl. Meibauer, *Pragmatik*, S. 133, und Pawlowski, Riebensahm, *Konstruktiv
    Gespräche führen*, S. 125.

- Räuspern,
- kurze Einwürfe wie „also ... also ..."[16]

Wollen wir hingegen unseren Gesprächspartner ermuntern wei- **Eigene Signale**
terzusprechen, sehen unsere Körpersignale ganz anders aus: Typisch sind Kopfnicken oder zustimmende Kommentare („ja",
„genau", „hm").

Nach Ergebnissen aus der Sprechwissenschaft[17] sind die Körpersignale, mit denen wir Rederecht im Gespräch erteilen oder
ergreifen, weitgehend konventionalisiert.

Wenn man sich räuspert, nickt und ständig „also" einwirft,
dürfte der Gesprächspartner wohl verstehen, dass man jetzt zu
Wort kommen will. Sitzt man einem kooperativen Gesprächspartner gegenüber, wird das wahrscheinlich ausreichen. Viele Dauer-
redner ignorieren jedoch solche Signale einfach. In diesem Fall
könnte man deutlicher werden – den Blick abwenden, sich zurücklehnen oder den Sprecher am Arm berühren. Auch gleichzeitig Sprechen ist eine Möglichkeit, zu Wort zu kommen. Man muss
allerdings bei Dauerrednern dann ein Weilchen durchhalten.

Ganz brutal wäre schließlich ein lautes „Halt!", „Einen Mo- **Die harte Tour**
ment, bitte!" oder „Nun lassen Sie's mal gut sein!" Manchmal erzielt dies durchaus seine Wirkung. Überlegen Sie sich aber gut, ob
Sie damit Ihren Gesprächspartner nicht kränken. Manchmal sieht
man sich wieder: Redakteure, die ihren Informanten noch einmal
interviewen wollen, sollten es vermeiden, ihren Gesprächspartner
vor den Kopf zu stoßen. Die Taktiken bei Vielrednern[18] sind hier
eine gute Alternative.

Abstand halten

Einem Sizilianer darf man näher kommen als einem Norweger.
Wie eng man dem anderen auf den Pelz rücken darf, ist kultu-
rell geprägt. Dass es aber überhaupt ein Distanzverhalten gibt,
auch die Art unserer Reaktion, ist eine Angelegenheit der Biolo-
gie. Wenn uns einer zu nahe tritt, schlägt das Herz schneller, der
Adrenalinspiegel steigt, wir pumpen Blut in Muskeln und Gehirn,
kurz: Wir bereiten uns auf einen Angriff vor.

---

16 Vgl. Pawlowski, *Konstruktiv Gespräche führen*, S. 125.
17 Vgl. Heilmann, *Neutrale Interventionen*, S. 69-70, Pawlowski, *Konstruktiv
Gespräche führen*, S. 126-127.
18 Vgl. „Vielredner" auf Seite 25.

Wenigstens **drei Bereiche** sind zu erkennen:

Bis zu einem
halben Meter

Nah: Eng heran dürfen Partner, Eltern, Kinder, Arzt, Friseur und Kellner beim Servieren. Alle anderen warten besser auf eine Einladung, die Individualdistanz zu unterschreiten, sonst gibt es Ärger. Die Technik einiger Fernsehinterviewer, die ihre Gäste sogar anfassen, bleibt besser solch hoch standardisierten Szenarien vorbehalten. In Recherchegesprächen wäre sie fehl am Platz.

Halber Meter
bis etwa 1,20

Persönlich: Kollegen, Freunde, alles zwischen Arbeit und Party. Dieser Bereich ist unproblematisch, dort darf auch der Interviewer hinein, ohne bedrängend zu wirken.

Nicht näher
als etwas über
einen Meter

Gesellschaftlich: Handwerker, Vertriebsbeauftragte – sie alle zeigen durch einen etwas größeren Abstand an, dass sie die Grenzen respektieren und einem nicht zu nahe treten wollen.

Einführungen in die Körpersprache nennen unterschiedliche Entfernungen. Die genauen Maßangaben sind im Prinzip nicht wichtig, sie hängen ohnehin von der Persönlichkeit und Herkunft eines Menschen ab. Wenn man den anderen genau beobachtet, stellt man sehr schnell fest, welche Entfernung er im Gespräch als angenehm empfindet.

Engen Sie Ihr Gegenüber nicht ein! Wenn Sie gemeinsam mit Gesprächspartnern an einem Tisch sitzen, achten Sie die Zonen, die sich andere abstecken. Auf einem Tisch markiert man sozusagen sein Revier. Man legt seine Schreibutensilien ab und deutet damit an: „Das ist mein Bereich." Aufdringliche Menschen oder Menschen, die die Kontrolle über das Gespräch gewinnen wollen, dehnen ihren Platz unmerklich aus. Wer dagegen rechtzeitig einschreitet, vermeidet spätere Missverständnisse.

Here's looking at you, kid. [19]

Viermal im Casablanca-Drehbuch: Ricks Blicke sagen alles. Bogarts Augen lassen keine Frage offen, auch die Zuschauer gehören zu den Wissenden.

Hinsehen

Menschen, mit denen man nichts zu tun hat, schaut man nur ganz kurz an und verzichtet dann auf jeden weiteren Blickkontakt. Nicht hinzuschauen kann in vielen Situationen unhöflich

---

19 Deutsch: „Ich seh' dir in die Augen, Kleines."

wirken. Wer zum Beispiel in einen Fahrstuhl eintritt und die anderen keines Blickes würdigt, kann als unangenehm empfunden werden.

Betritt jemand aber einen Lift, schaut die anderen an und dreht sich nicht nach kurzer Zeit um, wird es ebenfalls unangenehm. Denn man darf Fremde auch nicht zu intensiv ansehen. Wer den anderen fixiert, fordert zum Kampf auf. Wenn Sie jemanden zu etwas überreden wollen und ihm dabei ohne Unterbrechung in die Augen sehen, werden Sie wahrscheinlich keinen Erfolg haben. Ihr Gegenüber denkt gar nicht an das, worüber Sie sprechen, sondern ist vollauf damit beschäftigt, Ihrem Blick standzuhalten.

Aber nicht zu lange!

Ein kurzer Blickkontakt – wenige Sekunden nur – wird während des Gespräches immer wieder aufgenommen. Lassen Sie den Blickkontakt nicht abreißen, wenn Ihnen an dem Gespräch etwas liegt.

Blicke und Gesten können geübten Beobachtern viel verraten. Gute Pokerspieler, die um einen hohen Einsatz kämpfen, haben ihre Gesichtsmuskulatur und die Bewegung der Augen fast vollständig unter Kontrolle. Gleichzeitig beobachten sie die anderen. Eine kurze Bewegung der Augen oder des Gesichts verrät ihnen etwas über das Blatt des Mitspielers.

Dieses Wissen erwirbt man nicht durch die Lektüre eines Buchs. Man kann aber in kleinen Experimenten mit Freunden und Partnern die Sensibilität für Blick und Gestik erhöhen:

Sie können private Gespräche benutzen, um die Aufmerksamkeit für Signale eines Gesprächspartners zu trainieren. Beobachten Sie die Augen des anderen. Stellen Sie sich eine kleine Aufgabe, etwa: „Heute will ich mich nur darauf konzentrieren, wann der andere von einem Thema genug hat."

Für eine andere Übung schneidet man sich einen Sehschlitz in ein Blatt Papier. Nur die Augen dürfen zu sehen sein, der Rest des Gesichts muss durch das Papier verdeckt werden. Versuchen Sie nun, sich auf ein Gefühl zu konzentrieren:

„Masken ziehen"

- Versetzen Sie sich in Rage,
- erinnern Sie sich an eine besonders angenehme Situation,
- erinnern Sie sich an eine große Liebe,
- denken Sie an einen für Sie interessanten Menschen oder
- an jemanden, der Ihnen furchtbar auf die Nerven geht.

Wenn Sie sich auf eines dieser Gefühle eingestellt haben, geben Sie dem Partner ein Signal. Er hat nun die Aufgabe, nur am Ausdruck der Augen – nicht der Augenbrauen – zu erkennen, welches Gefühl sie ausdrücken. Solche Übungen strengen nicht besonders an, kosten wenig Zeit und werden Ihren Blick schärfen.

Mit ähnlichen Übungen kann man auch Gestik (Hände, Arme, Kopf) und Mimik (Bewegungen der Gesichtsmuskulatur) der Gesprächspartner beobachten und sie so zu interpretieren lernen.

Eigenleistung

Erfahrene Informanten

Je cleverer der Interviewpartner ist, desto mehr wird das aufmerksame Beobachten zu einem Spiel: Beide schauen einander an, kontrollieren die Wirkung des Gesagten und versuchen Momente der Schwäche wie der Stärke beim Gegenüber zu erkennen. Nicht zuletzt deswegen lernen Manager, Verbandsfunktionäre und Politiker in Seminaren, die eigene Körpersprache zu beherrschen und den anderen zu beobachten. Wer in diesem Fach jahrelang trainiert ist, lässt sich nicht so leicht ins Bockshorn jagen. Alles ist unter Kontrolle, die Maske perfekt. Ein Funktionär, der sich von der Jugendorganisation bis ins erste oder zweite Glied seiner Partei oder eines Verbandes hochgearbeitet hat, bemerkt jede Unsicherheit des Fragenden.

Nicht nur die Führungsetagen kennen sich aus, auch Ganoven – vom Eierdieb bis zum Berufsverbrecher – sehen genau hin. Die meisten Trickser und Betrüger sind Meister darin, sich selbst nichts anmerken zu lassen, dafür aber ihr Gegenüber sehr aufmerksam zu beobachten. Das gehört für sie zum Geschäft.

Wie schafft man es, mit Profis zu reden, ohne sich ständig selbst zu verraten und die eigene Position, seine Recherchestrategie oder den Wissensstand preiszugeben? Schauspielunterricht wird kaum helfen, es ist eher die gute Startposition und das überlegte und selbstbewusste Auftreten, die Vorbereitung, Authentizität, professionelle Distanz und Selbstkontrolle.

Das Gelände kennen

Vorbereitung: Manche sehen es einem Interviewer an der Nasenspitze an, wenn dieser nicht genügend Sachkenntnis hat. So lange keine Schäden zu befürchten sind, halten sie dieses arme Würstchen hin. Kommt der Rechercheur aber auf die Idee nachzuhaken, wird es unangenehm, sind die Breitseiten schon präpariert. Das Gesprächsergebnis ist frustrierend – man wird abgefrühstückt und zurechtgewiesen.

Authentizität: Profis nähern sich dem anderen an, in Sprache, Fragestellung und sogar der Kleidung. Doch sie verbiegen sich nicht, sie bleiben echt. Oft kommt man aus einer anderen Welt als der Befragte, was manchmal eine Herausforderung für die Gesprächsführung ist. Niemals anbiedern, aber auch keine überflüssigen Konflikte riskieren. Wer sich seiner selbst nicht sicher ist, muss damit rechnen, dass in einer schwierigen Gesprächssituation ein ausgeschlafener Interviewpartner dieses Handicap ausnutzt.

Zu sich selbst stehen

Professionelle Distanz: Man muss nicht an Schwerverbrecher, Mörder oder Kinderschänder denken. Viele eigentlich unproblematische Informanten sind so gründlich anders ausgerichtet, dass die Frage absurd klingt: „Würde ich mit diesem Menschen gerne an einem Tresen sitzen und ein Bier trinken?" Natürlich nicht. Es ist wie beim guten Arzt, der sich einfühlen und ein Verhalten erklären kann. Ihn lässt die Mischung aus Distanz und Nähe den Patienten verstehen, informieren, beraten und behandeln, ohne dass er selbst dabei Schaden nimmt.

Abstand halten

Selbstkontrolle: Das Interview ist kein entspanntes Gespräch. Volle Konzentration auf Fakten, Ziele, Aussagen und Beobachten des anderen reichen nicht. Wer die Fragen stellt, muss auch auf sich selbst aufpassen, die eigene Körpersprache kontrollieren. Hin und wieder ist es sinnvoll, das eigene Interesse oder Desinteresse zu verbergen.

Volle Konzentration – auch auf eigenes Verhalten

2.7 Ungelogen ist normal

Neben Anzeichen der Lüge bemerken erfahrene Interviewer auch die der Wahrheit. Wann scheint plausibel, was mein Gegenüber erzählt? Wann ist es gerechtfertigt, über die Brücken zu gehen, die er baut? Es gibt Indizien.

Gerade die unvollständige, zunächst widersprüchlich scheinende Information ist oft ein deutliches Zeichen der Wahrheit. Kein Wunder, Menschen irren sich oft, beobachten nicht richtig, vergessen und sind durch zusätzliche Informationen – Gespräche, Lektüre – leicht zu irritieren. Wer Zusammenhänge vermissen lässt, sich ab und zu korrigiert und die Unwahrheit zu sagen scheint, kann dennoch in bester Absicht handeln.

Widersprüche sind normal

Gelegentlich neigen Berufsanfänger in der redaktionellen Recherche dazu, eher der rundum durchdachten und glatten Darstellung eines Managers, Funktionärs oder Pressesprechers Glauben zu schenken. Dem Hin und Her sprachlich ungeübter Beobachter schenken sie weniger Beachtung. Doch nach den ersten Reinfällen beginnt man den Wert der manchmal widersprüchlichen Einlassung zu schätzen! Wahr und falsch sind bestenfalls in der Mathematik eindeutig zu entscheiden, in der Wirklichkeit dominieren die Grautöne.

Wann ist eine Aussage glaubhaft?

19 Merkmale der Glaubhaftigkeit von Aussagen in polizeilichen Vernehmungen beschreiben Hermanutz, Litzcke, Kroll und Adler. Wenngleich sich diese Interviewsituation von der in der redaktionellen Recherche unterscheidet, lohnt es, einen Blick auf einige Merkmale zu werfen:[20]

Elemente, die nicht hingehören

• Details, womöglich ungewöhnliche, und Komplikationen, die nicht zu den Fakten gehören, die zur Diskussion stehen: Erwähnt der Informant Sachverhalte, die nicht einer Art Standarderwartung entsprechen? Wenn ja, steigt die Wahrscheinlichkeit, dass die Geschichte nicht vorher zusammengebastelt wurde.

Querverbindungen zu Erfahrungen

• Zieht er Querverbindungen zu ähnlichen Gegenständen oder Ereignissen, stellt er die Ereignisse in zeitliche und räumliche Beziehung zu seiner Erfahrungswelt?

Etwas nicht verstanden?

• Spricht er über etwas, das er nur teilweise oder überhaupt nicht verstanden hat und räumt er sein Unverständnis bereitwillig ein?

Selbstkritik

• Sieht er seine eigene Rolle kritisch?

Selbstkorrektur

• Berichtigt er sich selbst, ohne vom Rechercheur dazu angeregt worden zu sein?

Etwas vergessen?

• Spricht er von Sachverhalten, zu denen er Details vergessen hat, räumt er das Vergessen ein? Ist er sich manchmal seiner Sache nicht sicher?

Eigene Logik

• Folgt die Schilderung einer eigenen Logik, die der Rechercheur erst erkennen muss, ist sie in dieser Logik widerspruchsfrei?[21]

Das Gesagte ist umso wahrscheinlicher, je mehr es den Inhalt nicht völlig geradlinig präsentiert, sondern ihn etwas zerfasert oder auch unpräzise darstellt, wie das für Gespräche typisch ist.

---

20 Hermanutz, Litzcke, Kroll, *Polizeiliche Vernehmung und Glaubhaftigkeit*, S. 41-104.
21 Ebd., die Merkmale sind von uns zusammengefasst worden.

Es ist wahrscheinlich, doch nicht sicher wahr. Schließlich werden auch manche Interviewpartner in Kommunikationsseminaren darin geschult, Lügen sauber zu verpacken. Aus Büchern über Interviews lernen nicht nur Interviewer, sondern gelegentlich auch die Interviewten.

2.8 Interkulturelles: Ungeschriebene Spielregeln

Ein Thema, das bisher nur am Rande gestreift wurde, sind Interviews mit Experten aus anderen Ländern und Kulturkreisen. Wenn der Redakteur ein solches Interview vorbereitet und durchführt, sollte er den Einfluss kultureller Unterschiede keinesfalls unterschätzen. Betrachten Sie Kulturstandards als „ungeschriebene Spielregeln".[22] Als Interviewer muss man einige Grundregeln der Kultur seines Interviewpartners kennen, um mitspielen zu können. Dazu zählen Konventionen bei der Begrüßung bis zu der Frage, ob man seinen Interviewpartner unterbrechen darf. „Wann muss ich jemandem ins Wort fallen, um selbst zu Wort zu kommen, und wann den Partner respektvoll ausreden lassen?"[23] Fehler bei der Vorbereitung oder Durchführung des Interviews können hier schnell zu einem schlechten Verlauf des Gespräches oder gar zum Abbruch führen.

Kulturstandards als ungeschriebene Spielregeln

Auch die Sprache ist hier oft eine Hürde: Eventuell müssen entweder der Redakteur oder sein Gesprächspartner das Interview in einer Fremdsprache meistern, was seine eigenen Schwierigkeiten mit sich bringt. „Was hat er wohl gemeint?" ist dann eine Frage, die sich der Redakteur während des Interviews und anschließend bei der Auswertung öfter stellen wird. Auch hier gibt es Techniken, die helfen, die schwierigsten Hürden zu meistern.

Sprachbarriere

Interkulturelle Gespräche vorbereiten

Eine gute Vorbereitung ist für jedes Interview wichtig, aber bei Informanten aus anderen Ländern und Kulturkreisen ist Sorgfalt

---

22 Kollermann, *Spinn ich ...?*, S. 74.
23 Doser, *Interkulturelle Kompetenz*, S. 28.

ein absolutes Muss. Neben den üblichen Vorbereitungen auf ein Interview muss der Rechercheur noch einiges zusätzlich berücksichtigen:

Zeit des Interviews
- Terminwahl: Was ist ein günstiger Termin für den Interviewpartner? Gibt es eine Zeitverschiebung zu beachten? Wenn der Rechercheur einen Termin an einem nationalen Feiertag oder zur Mittagszeit seines Interviewpartners vorschlägt, wird dieser nicht sehr erfreut sein. Dass Sie einen Informanten in Kalifornien nicht um 10 Uhr deutscher Zeit anrufen, versteht sich von selbst (dann holen Sie ihn nämlich aus dem Bett!).

Telefon Video Web
- Technische Voraussetzungen: Wenn der Redakteur seinen Interviewpartner nicht persönlich vor Ort spricht, sondern über Telefon, Videokonferenz oder Web-Konferenz, muss er außerdem prüfen, ob die erforderliche technische Infrastruktur bei seinem Interviewpartner vorhanden ist.

Und schließlich – ein Redakteur sollte sich gut über die kulturspezifischen Aspekte informieren, die sein Interview beeinflussen könnten. Dazu zählen:

Wie begegnen?
- Begrüßungskonventionen: Wie begrüßt man seinen Interviewpartner? Wie redet man ihn an? Was hat sich bei der Vereinbarung des Termins vielleicht schon als Konvention etabliert?

Was anziehen?
- Kleidungskonventionen: Erwartet der Interviewpartner förmliche Kleidung und wäre durch ein Auftreten in Freizeitkleidung gar beleidigt?

Beziehung oder Pünktlichkeit
- Auffassungen von Verbindlichkeit: Muss man den Interviewtermin noch einmal kurz vorher bestätigen? Die interkulturelle Kommunikationsforschung unterscheidet zwischen monochronen und polychronen Kulturen. Während es für eine monochrone Kultur wie die deutsche selbstverständlich ist, einen vereinbarten Termin einzuhalten, ist dies in polychronen Kulturen wie Indien oder Mexiko anders. Hier haben persönliche Beziehungen Vorrang vor der Einhaltung von Terminen.[24] Deshalb ist es wichtig, den Kontakt mit dem Informanten zu halten und ihm zu versichern, dass der Interviewtermin wichtig ist und eingehalten werden sollte.

Etwa um neun oder Punkt neun?
- Auffassungen von Pünktlichkeit: Ist die deutsche Pünktlichkeit angesagt, oder ist beispielsweise ein akademisches Viertel

---

24 Doser, *Interkulturelle Kompetenz*, S. 47-48.

(15 Minuten später als vereinbart) angemessen und höflich? Englische Gesprächspartner könnte es durchaus irritieren, wenn der überkorrekte deutsche Redakteur exakt auf die Minute erscheint.

- Kulturabhängige Kommunikationsmuster: Welche Besonderheiten hat der Redakteur während des Interviews bezüglich des Kommunikationsstils zu erwarten (Länge der Redepausen, übliche verbale und non-verbale Kommunikation ...)? *Unterbrechen erlaubt?*

- Themen: Welche Themen kann der Redakteur im Smalltalk oder während des Interviews ansprechen, welche sollte er meiden? Zu letzteren zählen sicher heikle Themen aus Politik oder Religion (wenn sie nicht gerade das Thema des Interviews sind). *Was ist Thema, was auf keinen Fall?*

- Sitten und Gebräuche: In manchen Kulturen wie in Indonesien gilt es als äußerst unhöflich, sich öffentlich die Nase zu putzen.[25] *Was ist höflich?*

Ein guter Rechercheur sollte die wichtigsten Höflichkeitskonventionen seines Interviewpartners kennen.

Wenn der Gesprächspartner mit der Kultur des Rechercheurs vertraut ist, wird er sicher über interkulturelle Unterschiede und den einen oder anderen Fauxpas hinwegsehen. Sollte der Gesprächspartner nicht mit der Kultur des Rechercheurs vertraut sein, können schon Fehler in den ersten Minuten der Begegnung zu Irritationen führen. Es gibt eine Fülle von Literatur zu interkultureller Kommunikation, ein paar Tipps sind in den Literaturangaben am Ende dieses Buches zu finden. Man sollte bei der Vorbereitung aber im Auge behalten, dass auch eine noch so umfangreiche Lektüre zur interkulturellen Kommunikation nur in Teilen vorbereiten kann. Viele kulturelle Normen sind etwas, das Menschen unbewusst verinnerlicht haben und das man sich schwer theoretisch aneignen kann.[26] *Mit interkultureller Kommunikation beschäftigen*

Schließlich sollte der Rechercheur bei der Vorbereitung die Sprache des Interviews nicht vergessen: Er oder sein Interviewpartner sprechen vielleicht während des Interviews nicht in der Muttersprache. Die Klärung von Fragen wird schwieriger, wenn sich der Interviewpartner nur unzureichend ausdrücken kann. Das kann der Interviewer ausgleichen, indem er Fragen vorab verschickt und sich vorher sorgfältig die grundlegende Fach- *Fragen vorab schicken*

---

25 Heringer, *Interkulturelle Kommunikation*, S. 216-217.
26 Vgl. Kollermann, *„Spinn ich... ?"*, S. 76.

terminologie in der Fremdsprache aneignet. Auch ein vorbereiteter Fragenkatalog in der Fremdsprache macht dem Redakteur
das Leben leichter.

In der Praxis

Haben Sie das auch schon erlebt? Das Interview beginnt, und
gleich in den ersten Minuten schleicht sich das Gefühl ein, dass
etwas nicht stimmt. Dies kann an der „persönlichen Chemie" zwischen Redakteur und Interviewpartner liegen. Vielleicht sind es
aber auch interkulturelle Unterschiede, die den Interviewverlauf
negativ beeinflussen.

Begrüßung   Heringer nennt einige Punkte, in denen sich Angehörige unterschiedlicher Kulturen in ihrem Kommunikationsverhalten unterscheiden.[27] Das beginnt bereits bei der Begrüßung: Gibt man
die Hand oder nicht?

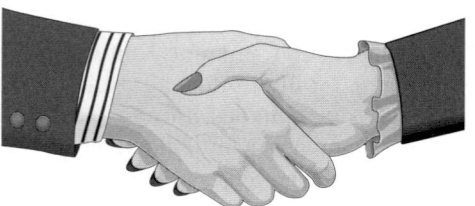

Hand geben erwünscht, erlaubt oder verboten?

Und wenn ja, wie fest und wie lange? Ist vielleicht sogar eine Umarmung üblicher? In Deutschland und Österreich ist das Händeschütteln zur Begrüßung eine bewährte Konvention. Ein Süd-
amerikaner dagegen mag das als gefühlskalt empfinden, weil eine
Umarmung in seiner Heimat gebräuchlicher ist. In Japan dagegen
darf eine Verbeugung nicht fehlen.[28]

Anrede   Auch die Anrede ist ein kritisches Feld. Ausländer müssen mit
der in Deutschland heiklen Unterscheidung zwischen Du und Sie
kämpfen. Dies ist im Englischen kein Problem, aber in vielen Kulturen gibt es deutliche Unterschiede bezüglich der Wahl des Na-
mens: Vorname? Nachname? Mit oder ohne Titel? Ab wann lässt
man den Titel weg oder geht zum Vornamen über?

---

27   Heringer, *Interkulturelle Kommunikation*, S. 161-180.
28   A.a.O., S. 165-166.

Kennen sich Redakteur und Interviewpartner schon? Auch bei der Vorstellung lauern Stolperfallen: Übergibt man eine Visitenkarte? Wenn ja, mit welcher Hand? In Japan geht eine Vorstellung immer mit dem Austausch von Visitenkarten einher, die man mit beiden Händen übergibt. Stellt man sich mit Namen und Titel vor? In den ersten Minuten des Gesprächs folgt dann häufig ein Teil Smalltalk, der auch heikel sein kann. Was in einigen Ländern ein übliches Thema ist – etwa eine kurze Frage nach der Befindlichkeit der Familie –, kann in anderen Ländern tabu sein. So ist es in England, Skandinavien oder China üblich, nach der Familie zu fragen. In Indonesien wäre das ein schwerer Fehler, weil persönliche Fragen nicht gestellt werden.[29]

Vorstellung

Smalltalk

Auch die Länge des Smalltalks variiert von Kultur zu Kultur. Deutsche tendieren eher dazu, möglichst rasch „zur Sache" zu kommen. Das wird in vielen anderen Kulturen als äußerst unhöflich empfunden: Bevor man über das Geschäftliche spricht, ist es wichtig, sich erst einmal kennenzulernen.[30] Wenn ein Redakteur also beispielsweise einen indischen oder einen arabischen Informanten interviewt, sollte er den Smalltalk nicht als Zeitverschwendung betrachten. Gibt er sich Mühe, seinen Informanten kennenzulernen, läuft das anschließende Interview um so flüssiger.

Ein Interviewer sollte die wichtigsten interkulturellen Unterschiede im Ablauf einer Unterhaltung kennen. So gibt es in folgenden Bereichen deutliche Unterschiede zwischen den Kulturen:[31]

- *Ja* und *nein* sagen,
- Einstellungen zu Gesichtsverlust und
- Gesprächsverlauf und Redeübernahme.

Ein bekanntes Phänomen ist, dass in verschiedenen Kulturen Zustimmung und Ablehnung durch unterschiedliche Gesten signalisiert wird: So ist es fast schon Allgemeinwissen, dass Kopfschütteln in manchen Gegenden „Ja" bedeuten kann.

Ja und Nein

In vielen Kulturen, vor allem im asiatischen Raum oder auch in Großbritannien, ist es eine Sache der Höflichkeit, Nicht-Zustimmung möglichst nur indirekt auszudrücken. Dies ist für ein Interview äußerst wichtiges Hintergrundwissen. Wenn der Re-

---

29 Heringer, a.a.O., S. 167.
30 Maletzke, *Interkulturelle Kommunikation*, S. 107
31 Heringer, *Interkulturelle Kommunikation*, S. 161-130.

dakteur seinen Informanten bittet, einem Termin zuzusagen oder
bestimmte Informationen zu liefern, kann es durchaus sein, dass
die Antwort des Informanten nur deshalb positiv ausfällt (oder
auszufallen scheint), weil er zu höflich ist, dem Redakteur diese
Bitte abzuschlagen.

Stöger/Thomas zitieren dazu ein Beispiel, das den Unterschied
zwischen den direkten Deutschen und den indirekten Briten an-
schaulich karikiert: „Ein britisches Teammitglied, das sich des
Problems [der kulturellen Unterschiede, A.B.,S.R.] recht wohl
bewusst war, mailte einmal an seine Teamkollegen: ‚For the En-
glish: I am sorry. I am afraid I'm having difficulty going along with
this proposal. I'm wondering if perhaps we should give it some
more thought. For the Germans: No.'"[32]

**Gesichtsverlust
vermeiden**

Wenn der Rechercheur seinen Experten bittet, technische
oder andere fachliche Sachverhalte zu bestätigen, sollte er Vorsicht walten lassen. Eine böse Falle droht. Wenn der Experte sich
in dem Bereich nicht genügend auskennt, könnte er dennoch die
Richtigkeit von „Fakten" bestätigen, weil es einen Gesichtsverlust bedeuten würde, hier Unkenntnis zuzugeben.

Ein Rechercheur sollte sich bei heiklen Gebieten oder Themen, wo er Unsicherheit beim Gesprächspartner spürt, immer
nach zusätzlichen Experten erkundigen: „Ist Thema X vielleicht
das spezielle Fachgebiet von Kollege A? Sollte ich ihn auch zu
Rate ziehen?" Der Gesichtsverlust ist besonders in vielen asiatischen Kulturen heikel. Zwar haben auch in Deutschland Menschen Angst vor einer Blamage, aber ein Gesichtsverlust kann für
Interviewpartner aus anderen Kulturen eine schwere Beleidigung
bedeuten – mit den entsprechenden Konsequenzen für den weiteren Verlauf des Interviews.[33]

**Unterbrechen
und Pausen**

Gesprächsverlauf und Redeübernahme sind ebenfalls kultu-
rell unterschiedlich. Unterschiedliche Kommunikationsmuster
bestimmen, wie sich der Redebeitrag des einen zu dem des anderen Gesprächsteilnehmers verhält.[34]

Susanne Doser nennt drei Muster: die sequentielle, die simultane und die unterbrochene Kommunikation.

---

32 Stöger/Thomas, *Teams ohne Grenzen*, S.154.
33 Maletzke, *Interkulturelle Kommunikation*, S.106-107.
34 Doser, *30 Minuten*, S.28-31.

Sequentielle Kommunikation
Sprecher A —   —   —   —   —
Sprecher A   —   —   —   —   —

A und B wechseln sich ab. Ein Sprecher wartet, bis der andere sei-   Sequentiell
nen Redebeitrag beendet hat; Unterbrechungen gelten als unhöflich. Dieser Kommunikationsstil ist beispielsweise für Deutschland oder die USA typisch.

Simultane Kommunikation
Sprecher A —   —   —   —   —
Sprecher A   —   —   —   —   —

In Italien und Frankreich wird man oft ein anderes Muster finden: Simultan
A und B können sich ins Wort fallen und reden zum Teil gleichzeitig, ohne dass dies als unhöflich empfunden wird. Man übernimmt die Weiterführung des Gesprächs, indem man den anderen unterbricht.

Unterbrochene Kommunikation
Sprecher A —   —   -   —
Sprecher A   —   -   —

Das Standardverhalten in Japan oder Finnland ist wieder anders: Unterbrochen
Einem Redebeitrag folgt zunächst eine Pause, so dass der Gesprächspartner über das Gesagte nachdenken kann. Dann folgt
der nächste Redebeitrag, wieder gefolgt von einer Pause, und
weiter geht es.[35]

Ein Redakteur, der einen italienischen oder französischen Informanten interviewt, sollte also nicht beleidigt reagieren, wenn
sein Gesprächspartner ihm ins Wort fällt. Spricht er hingegen mit
einem Japaner, sollte er ausreichend Denkpausen zulassen. Sonst
läuft er Gefahr, dass er seinen japanischen Gesprächspartner mit
den nächsten Fragen oder Anmerkungen befeuert, bevor dieser
überhaupt zu einer Antwort einer ersten Frage ansetzt.

Sprachliche Hürden

Während des Interviews müssen sich Redakteur und Interview-   Schwierig-
partner auf eine gemeinsame Sprache einigen. Das dürfte bedeu-   keiten in der
ten, dass entweder der Redakteur oder der Interviewpartner das   Fremdsprache

---

35 Vgl. Doser, a.a.O., S.29f.

Interview in einer Fremdsprache führen muss, vielleicht sogar beide. Das stellt nicht nur den Interviewer, sondern auch den Interviewpartner vor besondere Herausforderungen. Wenn der Redakteur sich in der Fremdsprache nicht zu Hause fühlt, trifft er vielleicht nicht den richtigen Ton für den Gesprächspartner. Auch können sich nur wenige Sprachbegabte in einer Fremdsprache so nuanciert ausdrücken wie in der Muttersprache.

So bleibt die Genauigkeit dann gelegentlich auf der Strecke, und komplexe Themen können vielleicht gar nicht diskutiert werden: Der Redakteur kann schwierige Fragen nicht stellen, oder dem Interviewpartner fehlen die passenden Worte, um die Frage angemessen zu beantworten. Schließlich kann es dem Rechercheur im schlimmsten Fall noch passieren, dass er selbst mit der Fremdsprache kämpft, während der Interviewpartner redegewandt Auskünfte gibt, die der Interviewer mit seiner eingeschränkten Fremdsprachkompetenz nur halb versteht.

Mit Sprachproblemen umgehen
In der Praxis haben sich folgende Tipps als hilfreich erwiesen, um mit der Sprachbarriere umzugehen:

Problem	Tipps
Interview nicht in der Muttersprache des Redakteurs	• Fragen in der Fremdsprache schriftlich vorbereiten. • Wichtige Ausdrücke vorab im Wörterbuch suchen. • Sprachlich versierte Kollegen um Unterstützung bitten, vielleicht ein Interview gemeinsam durchführen. • Bei Unklarheiten während des Interviews nachfragen.
Interview nicht in der Muttersprache des Interviewpartners	• Fragen vorab an den Interviewpartner verschicken. • Interviewpartner ausreichend Zeit für die Vorbereitung lassen. • Langsam sprechen und einfache Worte wählen. • Nachfragen stellen.

Problem	Tipps
Interviewpartner ist schwer verständlich, z.B. durch einen starken Akzent	• Nachfragen stellen. • Dinge noch einmal zusammenfassen und um Bestätigung bitten. • Um Zusendung von weiterem Material bitten. • Im Anschluss ein Protokoll schicken und Inhalte bestätigen lassen.

Manchmal stellt sich aber trotz sorgfältiger Vorbereitung und der größten Anstrengungen während des Interviews heraus, dass die Sprachbarriere einfach zu groß ist. Nachfragen kann man sicher öfter stellen, aber ab einem gewissen Punkt wird es peinlich, immer wieder „I'm sorry, can you repeat your answer?" zu sagen. Dann ist es überlegenswert, auf ein anderes Medium umzusteigen. Vielleicht ist der Interviewpartner ein großer Fan von Instant Messaging, in dem ein starker Akzent keine Rolle spielt? Oder der Redakteur vereinbart mit seinem Interviewpartner, weitere Fragen schriftlich per E-Mail zu klären.

Auf E-Mail umsteigen

Interkulturelle Gespräche nachbereiten

Für die Nachbereitung eines Interviews mit einem internationalen Gesprächspartner gelten natürlich die gleichen Regeln, die für alle Interviews im allgemeinen gelten.[36] Zusätzlich spielt eine Rolle: Gibt es noch offene Fragen oder Materialien, die zu verschicken sind? Gesprächspartner aus beziehungsorientierten Kulturen wie den USA oder Indien werden es schätzen, wenn der Redakteur sich prompt nach dem Interview wieder meldet. Eine rasche Kontaktaufnahme signalisiert Interesse am Gesprächspartner und erhöht die Chancen auf ebenso schnelle Antwort.

Prompt melden

Zu Informanten aus beziehungsorientierten Kulturen muss man die Kontakte besonders sorgfältig pflegen, sich beispielsweise öfter mit Nachfragen oder Zwischenständen seiner Arbeit melden. Eine gute Beziehung zum Interviewpartner ist das A und O in Kulturen wie den USA, Japan oder Indien – dann klappt es auch mit dem Informationsaustausch.

Kontakt pflegen

---

36 Vgl. Kapitel 4.3.

Standard und Abweichung

Vieles verändert sich

Die Globalisierung hat nicht nur Finanz- und Produktionswelten miteinander verknüpft, sie verändert auch die Kommunikationsmuster. Bei unbekannten Informanten bleibt nichts anderes übrig, als mit einer Standarderwartung, die zu diesem Kulturkreis passt, in das Recherchegespräch zu gehen. Vielleicht aber denkt – und redet – dieser Türke wie ein Deutscher, dafür ist jener Deutsche kaum von einem typischen Briten zu unterscheiden.

Aufmerksam

An Kommunikationsmuster anpassen

Mehr als eine Sensibilisierung für das, was den Redakteur womöglich erwartet, ist nicht zu leisten. Den Rest muss er schaffen durch Aufmerksamkeit und die Bereitschaft, das eigene Verhalten zu ändern und den kulturellen Mustern des Informanten so weit anzugleichen, dass daraus keine Gesprächsstörung entsteht.

 ## Zusammenfassung

Die besten Ergebnisse erzielt, wer die Kommunikation bewusst als Profi steuert. Er führt das Gespräch auf einer sachlichen Ebene und meidet Irritationen, die dem persönlichen Bereich entstammen.
Ideal ist es, wenn sich die Chance zu einer offenen und kooperativen Kommunikation bietet. Einfach ist das nicht, denn viele können nicht einmal richtig zuhören. Da muss ein bisschen Training helfen, denn wer nicht zuhören kann, wird kein guter Interviewer sein.
Im Gespräch zählt nicht nur das Gesagte. Man kann den anderen auch beobachten und versuchen, seine Körpersprache zu verstehen. Gleichzeitig muss man das eigene Verhalten kontrollieren, denn auch Informanten versuchen die Sprache des Körpers zu lesen.
Interviews mit internationalen Informanten sind eine besondere Herausforderung. Mit der richtigen Vorbereitung werden sie aber zum Erfolg. Wichtig ist, bei der Vorbereitung und der Durchführung an interkulturelle Unterschiede zu denken. Je nach kulturellem Hintergrund des Gesprächspartners werden dem Redakteur andere Arten und Weisen begegnen, „Ja" oder „Nein" zu sagen. Der Gesprächspartner wird den Redakteur gerne oder weniger gerne unterbrechen und mehr oder weniger bemüht sein, unbedingt sein Gesicht zu wahren. Eine gute Vorbereitung hilft auch, die wichtigsten sprachlichen Hürden in einer Fremdsprache zu meistern.

3 Fragen

Man fragt, um Informationen zu erhalten. Das ist kein Geheimnis und keine Kunst, jedes Kind erschließt sich so seine Welt. Professionelles Fragen ist jedoch mehr: Wissen um die unterschiedlichen Frageformen, ihre Leistungsfähigkeit und die Möglichkeiten sie zu kombinieren. Fragen will gelernt sein, mit der richtigen Frage zur angemessenen Zeit bringen Interviewer ein Gespräch voran. Sie fragen nicht nur, sondern sie steuern die Kommunikation zielorientiert.

3.1 Fragen in der Recherche

„Übrigens", der Inspektor im schlampigen Trenchcoat dreht sich um, „eine Frage hätte ich noch ...". Schon in der Tür stehend, längst verabschiedet, stellt er die entscheidende Frage. Es war ein Fehler, dass niemand dem Mann mit der erkalteten Zigarre etwas zutraut. Trottelige Liebenswürdigkeit, gepaart mit Überraschungsangriffen: So überführte der amerikanische Filmpolizist die schweren Jungs im Fernsehen. Aber eben nur dort.

Inspektor Columbo

Die Columbo-Frage ist eine amüsante Übung, die ab und zu gelingt; Fragen in echten Vernehmungen und Recherchen sehen jedoch anders aus.

Im Grammatikunterricht lernen Schüler die traditionelle Sichtweise der Frage: Fragewörter, Fragesatz, direkte und indirekte Frage. Im Interview interessieren aber statt der grammatischen Eigenheiten die Leistungsfähigkeit der Fragen und Fragestrategien.

Was kann eine Frage leisten?

Dieses Kapitel stellt Ihnen die Frage unter diesen Aspekten vor und unterscheidet deswegen zwischen:

- Informationsfragen,
- Fragen mit zusätzlichen Funktionen,

- Fragen in schriftlichen Befragungen sowie
- Fragefolgen und Fragestrategien.

Training

Studierende und Volontäre sowie andere Leser, die in der Ausbildung sind, können sich gut anhand praktischer Erfahrung in dieses Thema einarbeiten:

- Gehen Sie die Mitschnitte Ihrer ersten zwei oder drei Interviews durch,
- analysieren Sie jede Frage und – wenn vorhanden – Fragestrategie mit Hilfe dieses Kapitels und
- prüfen Sie, welche Alternativen sinnvoll gewesen wären.

Unter welchem Namen eine Frage oder Strategie vorgestellt wird, ist unerheblich. Wichtig ist, sich im entscheidenden Moment daran zu erinnern, dass es ein Werkzeug gibt, das weiterhilft.

Vom Umgang mit der Sprache

Verständlichkeit

Selbst die geschickteste Frage nutzt wenig, wenn man sie so stellt, dass der Informant sie nicht versteht. Hat man sich in der Recherche in ein Thema eingearbeitet, beherrscht man einige Fachausdrücke und erliegt schnell der Versuchung, einen komplizierten Sachverhalt auch kompliziert zu formulieren. Ein Laie wäre damit überfordert. Ebenso ungeschickt kann es aber sein, sich gegenüber den falschen Leuten allzu verständlich auszudrücken und auf das Fachvokabular zu verzichten. Damit erweckt der Rechercheur bei Experten den Eindruck, dass er von der Materie nichts versteht.

Wer sich auf möglichst vielen Sprachebenen bewegen kann, ist bei der Recherche eindeutig im Vorteil. Studierenden helfen Praxissemester, Aushilfsjobs und Erfahrungen in allen Lebensbereichen, die Sprache nicht wie an der Hochschule zu verwenden.

Wortwahl

- Gegenüber Laien: Keine Fachwörter, keine Fremdwörter.
- Bei Fachleuten: Die nötigen Termini vor dem Interview kennen und auch im Gespräch nutzen, so weit es sinnvoll ist und nicht nach Aufschneiderei aussieht. Der Schuss geht nach hinten los, wenn der Interviewer sich jenseits der Grenzen seines Wissens bewegt.

Satzbau

- Allgemein: Einfacher Satzbau, damit der Informant sich noch an den Anfang des Satzes erinnern kann, wenn der Journalist beim Fragezeichen angekommen ist. Keine Schriftsprache der Marke „Soziologie für Fortgeschrittene".

- So weit es möglich ist, die eigene Sprache der des Befragten anpassen: Heute Interview mit einem Banker, morgen mit einem Junkie. Beim Herunterdrehen des eigenen Niveaus darauf achten, dass nicht der Eindruck des Anbiederns entsteht. Anpassen, aber nicht anbiedern

Eins nach dem andern

Verkettete Fragen sind eine Kommunikationsbremse. Sogar Profis in Rundfunk und Fernsehen passiert es manchmal, sie verknüpfen Fragen miteinander und erhalten natürlich keine vernünftige Antwort: Mehrere Fragen zu einer verknüpft

Frage: „Hat der Ausschuss nicht ..., und wäre es dann nicht richtiger ...?

Niemand kann solche Fragen zufriedenstellend beantworten, weil der Interviewte sie ja hören, verstehen und dann sukzessive abarbeiten müsste.

Verketten Sie Fragen nicht miteinander! Erst eine Frage, dann die Antwort, anschließend geht es weiter.

3.2 Informationsfragen

Ich frage, weil ich etwas nicht weiß. Jede einfache Frage kann mehr Funktionen haben als die bloße Informationsbeschaffung: Sie kann Interesse an einem Thema anzeigen, das Vertrauen dem Gesprächspartner gegenüber offenbaren oder den anderen zu einem Beitrag auffordern. Die Kernaufgabe dieser Frage ist es aber, Informationen einzuholen. Man stellt sie so, dass der Befragte Information beschaffen
- frei und unter Umständen sehr umfassend antwortet: die offene Frage, oder Offene Frage
- von vorgegebenen Antworten eine auswählt: die geschlossene Frage. Geschlossene Frage

Offene Fragen

Die offene Frage bittet den Informanten, in eigenen Worten einen Gegenstand, Vorgang oder Sachverhalt zu beschreiben:

Frage: „Wie hat man in Ihrer Abteilung von der Betriebsschließung erfahren?"

Antwort: „Das war letzten Dienstag. Da ging in der Frühstückspause ..."

Nicht vorhersehbare Informationen

Die Antwort ist schwer vorhersehbar. Denkbar wäre auch:

Antwort: „Bei uns weiß kaum jemand davon."

Offene Fragen können ausführliche Antworten auslösen, mitunter entsteht ein neuer Dialog, ein Wechselspiel von Fragen und Antworten:

Frage: „Wer darf bei Ihnen in solchen Angelegenheiten eine Entscheidung treffen?"

Antwort: „Ich habe hier ein Organigramm, mit dem ich das besser erklären kann. ..."

Diese Art des Fragens ist dazu geeignet, umfangreiche Informationen einzuholen. Weil der Befragte mit eigenen Worten antwortet und es ihm überlassen ist, welche Aspekte er berücksichtigt und wie er sie gewichtet, kann sie unvorhersehbare Informationen zu Tage fördern.

Voraussetzung: Kompetenter Interviewer

Vom Rechercheur verlangt die offene Frage, dass er über das Thema gut informiert ist. Die Antwort baut auf den Erfahrungen und dem Sachwissen des Gesprächspartners auf, man kann sie häufig nur dann richtig verstehen, wenn der Frage ausführliche Recherchen vorangegangen sind.

W-Wort Fragewort

Häufig beginnen offene Fragen mit den Ws, einem Pronomen (wer, was, welcher, wessen, wem ...) oder einem Adverb (wo, wann, wie, warum, womit, wozu ...). Oft benutzt der Interviewer aber auch eine Bitte um Auskunft, die der offenen Frage gleichkommt. Beide Formen erfüllen trotz des grammatischen Unterschiedes dieselbe Funktion:

Bitte: „Berichten Sie bitte Ihre Erlebnisse am Morgen
              nach dem Unfall."

Geschlossene Fragen

Die geschlossene Frage verlangt „ja" oder „nein" als Antwort: „Ja"
                                                                       „Nein"

Frage: „Waren Sie auf der Sitzung?"

Antwort: „Ja."

Oft erhält man eine dritte Antwort auf geschlossene Fragen: „Das   Weiß ich nicht
weiß ich nicht", „habe ich vergessen", „geht Sie nichts an". Be-
sonders schriftlich formulierte Fragen müssen diese dritte Mög-   In Fragebogen
lichkeit vorsehen. Andernfalls zwingt man den Antwortenden zu   vorsehen
einer falschen Antwort oder einer Verweigerung, wenn „ja" oder
„nein" aus irgendwelchen Gründen nicht möglich sind.

Vor- und Nachteile offener und geschlossener Fragen

Die Unterscheidung zwischen offenen und geschlossenen Fragen
ist häufig künstlich und viel zu streng. Denn auch viele offene Fragen lassen nur wenige Antworten zu:

Frage: „Welche Farbe hatte das Auto?"

Obgleich diese Frage wie eine offene ausschaut, wird die typische   Mehr oder
Antwort nur aus einem engen Bereich ausgewählt, eine Farbe   weniger
oder Farbmischung. Auch die enge Auswahl in einem Fragebo-   offen /
gen, die zum Ankreuzen einer von wenigen Antworten zwingt, ist   geschlossen
zwar keine geschlossene Frage, steht dieser aber sehr nahe. Viele
Fragen sind in Wirklichkeit eher offen oder eher geschlossen.

Vorteile offener Fragen

- Der Antwortende wird, wenn er an dem Gespräch Interesse   Viele
  gefunden hat, viele Informationen preisgeben.   Informationen
- Die offene Frage lässt Antwortende aus ihrer Sicht schildern,   Aus der
  stellt ihr Erleben und ihre Einschätzung in den Vordergrund.   Sicht des
  Der Interviewer erhält Antworten aus Sicht des Informanten.   Antwortenden

Überraschung • Die Antwort wird nicht vorweggenommen, sie kann überraschende Informationen zu Tage fördern.

Nachteile offener Fragen

Zeitraubende Antworten • Wenn der Gesprächspartner gerne redet, kann es lange dauern, bis man zu Ergebnissen kommt; offene Fragen erwirken mitunter zeitraubende Antworten.

Antworten nicht im Sinne des Fragenden strukturiert • Die Antworten folgen einer eigenen Logik des Erzählens. Diese Logik wird selten mit der des Fragenden übereinstimmen. Übersetzungen und Anpassungen sind oft unvermeidlich, weil die Antworten nicht im Sinne des Fragenden strukturiert sind.

Kenntnisse • Der Interviewer muss eventuell auf komplexe Antworten eingehen können. Das geht nur mit einiger Sachkenntnis.

Vorteile geschlossener Fragen

Schnell • Ein Ja oder ein Nein nimmt wenig Zeit in Anspruch.

Gut auszuwerten • Wie das Kreuz in einem Fragebogen kann man die Antworten – wenn nötig – sogar in einer Datenbank auswerten. Eher geschlossene Fragen findet man deswegen oft in schriftlichen Befragungen.

Geringe Fachkenntnis erforderlich • Wenn der Fragenkatalog in der Redaktion ausgearbeitet worden ist, kann ihn auch ein Kollege mit geringer Fachkenntnis durcharbeiten.

Nachteile geschlossener Fragen

Antworten aus der Sicht des Fragenden • Wenn man den Befragten nicht anregt, seine eigene Geschichte zu erzählen, bleibt einem vieles verborgen. Die Antworten kommen aus der Sicht des Fragenden.

Weniger Informationen • Die geschlossene Frage ergibt weniger Informationen: „Wissen Sie, wo der Feuerlöscher ist?" – „Ja!"

Vorhersehbar • Bei „ja" oder „nein" kann man das Ergebnis der Frage zur Hälfte voraussehen, mit „weiß ich nicht" zu einem Drittel. Die Informationen sind großenteils vorhersehbar.

Unangenehme Atmosphäre • Zu viele geschlossene Fragen nacheinander können eine unpersönliche, unangenehme Gesprächssituation herbeiführen.

Kombinieren Beide Fragetypen haben also eindeutige Vor- und Nachteile. Erst die geschickte Kombination der offenen mit der geschlossenen

Frage in einer Fragestrategie nutzt die Vorteile und lässt die Nachteile in den Hintergrund treten.

3.3 Fragen mit zusätzlichen Funktionen

Mit einigen Fragen will der Interviewer die Kommunikation steuern. Diese Fragen gehören genauso zum Recherchegespräch wie die Informationsfragen. Schließlich ist dieser Typ des Interviews keine einfache Unterhaltung, sondern es ist ein Gespräch, mit dem der Rechercheur ein Ziel verfolgt, es wird erfolgreich oder scheitert.

Gesprächs-steuerung

Alternativfrage

Frage: „Sehen wir uns Donnerstag oder Freitag?"

Mit solchen Fragen kann man Unentschlossene zur Entscheidung bringen. Der Interviewpartner soll zwischen Alternativen auswählen und kann sie sogar durch einen eigenen Vorschlag ergänzen:

Entscheidung herbeiführen

Antwort: „Bei mir klappt es nur am Dienstag."

Obgleich die angebotenen Alternativen ausgeschlagen werden, ist die Antwort noch zu verwerten. Der Erfolg dieser Frage setzt voraus, dass der Fragende die Situation einigermaßen richtig einschätzt; wenn die Einschätzung falsch ist, sind frustrierende Antworten möglich:

Antwort: „Wir sehen uns gar nicht. Ich verreise morgen."

Alternativfragen steuern, weil sie dem anderen einen Katalog ausgewählter Antworten anbieten und nahe legen; sie sind auch als Katalogfragen bekannt.

Katalogfrage

Im Gespräch ruinieren mehrere Alternativfragen hintereinander die Atmosphäre, wenn sich der Befragte in die Enge getrieben fühlt.

Emotionale Frage

Frage: „Freuen Sie sich darüber?"

Gesprächs- Die emotionale Frage zeigt dem Gesprächspartner, dass man
klima   auch an seinen Gefühlen und Eindrücken, an Ärger oder Freude
            interessiert ist. Sie ist eine gesprächssteuernde Frage, die das Kli-
            ma verbessert.

Fangfrage

Frage: „Ich habe gehört, dass die so eine komplizierte
              Kaffemaschine haben, stimmt das?"

Versteckte   Die Informationen über die Kaffeemaschine interessieren mich
Informationen nicht. Mit der Fangfrage will ich etwas anderes herausbekommen.
            War der Informant an dem fraglichen Ort? Wenn er etwas über
            das Gerät erzählt, dann ja; sonst vielleicht nicht. An der Art, wie
            er über die Kaffeezubereitung spricht, lerne ich etwas über ihn:
            „Ich trinke nur Fair Trade.", „Kaffee mache ich mir selten sel-
            ber.", „Kaffee aus der Maschine trinke ich nicht gerne."
              Die Fangfrage kennt man aus dem Krimi, sie wird auch in
            wirklichen Vernehmungen – mit Bedacht – gestellt. Die Beamten
            wollen beispielsweise herausbekommen, ob jemand zu einer be-
            stimmten Zeit an einem Ort war …

 Fangfragen machen einen schlechten Eindruck, wenn der Infor-
mant Verdacht schöpft. Er fühlt sich hereingelegt und wird die
Kooperation beenden oder es dem Rechercheur heimzahlen.
Deswegen Vorsicht beim Einsatz solcher Mittel!

Gegenfrage

Frage: „Wieso fragen Sie das?"

Vermeiden   Der Interviewer sollte, wenn auch der andere einmal eine Frage
            gestellt hat, auf Gegenfragen verzichten. Sie werden von vielen
            Menschen als unhöflich empfunden. Vielen Kindern bringt man
            bei, auf eine Frage nicht mit einer neuen Frage zu antworten, es
            sei denn, man hat etwas wirklich nicht verstanden.

Der Interviewpartner selbst wird mitunter solche Fragen einsetzen, um Zeit zu gewinnen oder zu überprüfen, wieviel der Frage-
steller weiß.

Gegenfragen sind oft ein Signal dafür, dass irgendetwas nicht in
Ordnung ist. Vielleicht hat man den anderen unbeabsichtigt in
die Enge getrieben, womöglich ist auch ein heikles Thema angeschnitten, auf das man später – vorsichtig – zurückkommen
kann. Mancher fragt zurück, um Zeit zu schinden. Er braucht
diese Pause, um das Märchen, das er Ihnen gerade erzählt, in
sich schlüssig zu halten.

Hypothetische Frage

Fragen, die jenseits des Wissens- und Erfahrungshorizonts liegen,   Spekulation
sind selten nützlich. Bestenfalls erfährt man etwas über die spe-
kulativen Fähigkeiten des Gesprächspartners.

Frage: „Könnten Sie sich vielleicht vorstellen, dass man
            künftig ...?"

Genauso kann man den anderen auch fragen, was er ruft, wenn
ihm im Stadtwald ein Braunbär begegnet. Jedoch kann diese
Technik nützlich sein, wenn der Interviewer eigene Hypothesen
auf ihre Stichhaltigkeit abklopfen will. So könnte er in Erfahrung
bringen, welchen Stellenwert ein Experte solchen Fakten bei-
misst, die er für wichtig hält.

Frage: „Was wäre in der Produktentwicklung anders ge-
            laufen, wenn man die Abteilung nicht ausgelagert
            hätte?"

Hypothetische Fragen werden auch in Fragestrategien[1] genutzt.
Darin dienen sie dazu, Einwände vorwegzunehmen und zu ent-
kräften.

Frage: „Nehmen wir mal an, das Geld wäre kein Problem.
            Könnte man dann ...?

---

1   Siehe „Abwimmeln und aufklären" auf Seite 96.

Motivationsfrage

Frage: „Wie beurteilt jemand mit Ihrer Erfahrung die
            Chancen dieses Produkts?"

Kleines   Wenn man es nicht übertreibt, wird der Gesprächspartner durch
Kompliment das kleine Kompliment motiviert, seine Einschätzung mitzutei-
            len. Manche reagieren aber auf diese mehr oder weniger ver-
            steckten Schleimspuren äußerst gereizt.

Provozierende Frage

Nur mit guten   Im gesendeten oder gedruckten Interview eine Technik, um den
Gründen   Interviewpartner aus der Reserve zu locken. Im Recherchege-
nutzen   spräch ist diese Frage nur mit äußerster Vorsicht zu nutzen, denn
                der Informant kann jederzeit das Gespräch beenden, wenn er
                nicht selber ein Interesse daran hat, gehört zu werden.

Frage: „Sie sagen öffentlich, die ewige Nörgelei müsse ein
            Ende haben. In unserem Gespräch kritisieren Sie
            den Trainer. Wie passt das zusammen?"

Prüffrage

Kommt er   In einigen Interviews trifft man auf intelligente und hilfsbereite
noch mit?   Gesprächspartner, die aber das Deutsche nicht richtig beherr-
            schen. Andere können sich zwar gut in unserer Sprache verständi-
            gen, haben aber ein intellektuelles Handicap. Welche Einschrän-
            kung es auch immer sein mag, Sprache, Intelligenz oder beides, es
            ist peinlich. Man hat gelernt, diese Unvollkommenheit zu tarnen
            und sie zu verstecken. Freundliche Antworten, die irgendwie ins
            Bild passen, lenken davon ab, dass die Kommunikation ein ein-
            ziges Luftschloss ist.
                Wenn sich während des Gesprächs ein Verdacht in diese Rich-
            tung aufbaut, helfen Prüffragen. Knallharte Fakten, die zeigen, ob
            man überhaupt verstanden wird.

Frage: „Ich kenne mich da nicht so gut aus. Wann ist denn
            diese EU-Richtlinie in deutsches Recht umgesetzt
            worden?"

Vorausgesetzt, ich kann die Antwort angemessen bewerten, weiß ich nun, ob der andere überfordert ist. Eventuell muss ich mich einfacher ausdrücken oder Erklärungen zwischenschieben, damit man mich versteht. Auch wenn man nur herausbekommt, dass der andere zwar nett aber ahnungslos oder beschränkt ist, hilft es. Man wird wenigstens keinen falschen Spuren folgen.

Antwort vorher bekannt

Solche Prüffragen reißen die Tarnung herunter, sie sind kränkend. Rücksicht und Aufmerksamkeit sind nötig, um damit nicht die Kommunikation zu ruinieren.

Rhetorische Frage

Frage: „Ist es nicht so, dass ..."

Die rhetorische Frage ist nur in der Grammatik eine Frage. Interviewer haben kaum einen Grund, diese Technik einzusetzen. Eine Antwort auf solche Fragen wird nicht erwartet.

Nicht sinnvoll

Suggestivfrage

Oft ein Gesprächskiller, manchmal eine Quelle der Fehlinformation, nur in seltenen Fällen nützlich – eine Frage, die viel Fingerspitzengefühl erfordert.

Meist ein Kunstfehler

Frage: „In diesem Punkt hat es der Abgeordnete doch sicher auch nicht sehr genau genommen?"

Solche Fragen legen dem Gesprächspartner eine Antwort nahe, sie engen ihn ein. Wenn der Interviewer Pech hat, stimmt der Befragte zu, um ihn schnell wieder loszuwerden. Seine wirkliche Auffassung behält er für sich. Vielleicht fühlt er sich auch übervorteilt und gewinnt einen negativen Eindruck von der Gesprächssituation. Das Ergebnis ist fast immer unbrauchbar.

Zu den wenigen Situationen, in denen diese Frage angemessen sein mag, gehört der Test auf Beeinflussbarkeit und Glaubwürdigkeit des Gesprächspartners.

Informanten testen

Frage: „Das haben die sicher Montag oder Dienstag abgesprochen?"

Falls man weiß, dass der Termin am Donnerstag war, spricht es für die Zuverlässigkeit des Informanten, wenn er auf diese Frage entschieden widerspricht.

Antwort: „Da liegen Sie schief, die haben sich erst am Donnerstag getroffen."

Schließt er sich hingegen dem suggerierten Terminvorschlag an, mag das ein Hinweis auf den Wert seiner Antworten generell sein. Doch zuverlässig ist auch dieses Indiz nicht. Das Risiko ist aber erheblich, dass man mit solchen Tricks das Klima ruiniert.

 Suggestivfragen sind meist kontraproduktiv. Der Rechercheur muss gute Gründe haben, um dieses Instrument zu nutzen.

Wunderfrage

Nichts geht mehr   Der hypothetischen Frage ähnlich, eine Leihgabe der Psychotherapeuten, die auch der Rechercheur in seltenen Fällen nutzen kann. Alles ist verfahren, verknotet und undurchschaubar – der Gesprächspartner hat den Überblick verloren.

Frage: „Nehmen wir an, es würde ein Wunder geschehen, die Dinge änderten sich und ein Investor würde die fehlenden Millionen zur Verfügung stellen. Was hätte diesen Sinneswandel beim Geldgeber auslösen können?"

Wunderfragen können einen Anknüpfungspunkt bieten, sind manchmal der Faden, an dem entlang tastend das Knäuel entwirrt werden mag. Ähnlich gelagert und aus dem gleichen Zusammenhang ist die Verschlimmerungsfrage.

Frage: „Wenn alle Stricke reißen sollen, was muss dazu jetzt noch schief gehen?"

Zustimmungsfrage

Frage: „Sind wir uns soweit einig?"

Zustimmungsfragen dienen eher der Gesprächssteuerung als dem Austausch von Informationen. Sie signalisieren beiden Gesprächsteilnehmern, dass ein Abschnitt beerdet ist und man sich nun auf ein neues Thema konzentrieren will.

Ende eines Abschnitts

Antwort: „Nein, das sehe ich ganz anders."

Verweigert der Informant die Zustimmung, muss der Interviewer entweder die mangelnde Übereinstimmung akzeptieren oder das Missverständnis beseitigen.

3.4 Fragen in schriftlichen Befragungen

Schriftlich bedeutet E-Mail, Brief oder Fragebogen. E-Mail und Brief nutzen typischerweise die reinen Informationsfragen, selten mit Steuerungsfunktion. Auf jeden Fall sind es Fragen an einen oder wenige Empfänger.

E-Mail, Brief

Anders in standardisierten Befragungen oder Fragebogenaktionen. In der Technikredaktion oder Öffentlichkeitsarbeit müssen solche Fragebogen manchmal von Redakteuren gestaltet werden, die sich sonst nicht damit beschäftigen. Die folgenden Abschnitte sollen einen kurzen Überblick geben, welche Fragen in schriftlichen Befragungen nützlich und angemessen sind. Der Rechercheur sollte sich aber auf jeden Fall noch genauer damit befassen, wie man Fragebögen professionell gestaltet, selbst wenn es sich nur um eine informelle Umfrage handelt. Macht er das nicht, stellt er schlimmstenfalls am Ende der Fragebogenaktion fest, dass die Antworten unbrauchbar sind oder für eine Auswertung ungeeignet. Passende Literaturtipps gibt es am Ende dieses Buches. Mit wenigen Ausnahmen also bleibt der Fragebogen etwas für Profis: Soziologen und Psychologen.

Standardisierte Befragung

Fragebogen

Im Fragebogen setzt man offene Fragen nur sparsam ein. Sie sind schwer auszuwerten, denn man muss die Antworten mühsam interpretieren. Dennoch sind einige wenige offene Fragen auch in jedem Fragebogen unverzichtbar, weil sie

Offene Fragen im Fragebogen

- dem Befragten zeigen, dass seine Meinung wichtig ist – Fragebogen an Kunden oder Partner – und weil sie
- Fehler im Fragebogen auszugleichen helfen. Manchmal ist im

Bogen etwas vergessen, oder man hatte bei der Konzeption etwas übersehen oder falsch eingeschätzt. Zumindest die offene Frage am Schluss – „Was würden Sie uns sonst gerne mitteilen?" oder dergleichen – kann aufdecken, was die Autoren der Befragung nicht bedacht haben.

Startfragen oder Eisbrecherfragen

Motivieren und einstimmen

Diese Frage steht am Anfang, sie soll den Befragten motivieren, sich mit dem Bogen zu beschäftigen. Folglich muss Sie unbedingt positiv beantwortet werden. Nehmen wir als Beispiel Firma xyz, deren Mitarbeiter sich über eine Entwicklung ärgern. Die erste Frage könnte sein:

Frage: „Finden Sie es sinnvoll, dass xyz in dieses Thema Arbeit investiert?

Wenn sich jemand jetzt für „nein" oder „weiß ich nicht" entscheidet, kann der Rechercheur die folgenden Antworten besonders auswerten. Es wird wohl eine unbedeutende Minderheit sein, die so geantwortet hat, sonst wäre die Aktion gar nicht erst gestartet worden.

Bewertungsfragen

Nicht zu viele Antworten

Für Bewertungen und Entscheidungen sind zwei, höchstens vier Kästchen angemessen. Mehr Wahlmöglichkeiten irritieren und führen zu wenig aussagekräftigen Ergebnissen. Könnte der Befragte beispielsweise sein Kreuz in einer Skala zwischen 1 und 10 anbringen, werden Sie mit dem Ergebnis wahrscheinlich wenig anfangen können, denn was ist qualitativ der Unterschied zwischen einem Kreuz bei 7 und einem bei 8? Eigentlich wollen Sie doch meist nur erfahren, ob das Ergebnis im grünen oder im roten Bereich ist. Mehr interessiert selten, und vier Antwortmöglichkeiten reichen dann auch.

Gerade Anzahl an Antwortmöglichkeiten

Der Vorteil einer geraden Zahl an Antwortmöglichkeiten ist, dass man zu einer Entscheidung kommen muss: gut oder schlecht, akzeptabel oder nicht. Die ungeraden Optionen werden dagegen oft in der Mitte angekreuzt, der bequemste Weg, obgleich der Befragte sehr wohl eine Position hat.

Lesen Sie am Bildschirm besser als auf Papier?

Immer	Manchmal	Selten	Nie

Die Alternative zum Klartext wären Schulnoten oder das System mit ++ + ∅ - -- beziehungsweise eine andere Kennzeichnung, etwa Smileys:

Entscheidend ist, dass der Antwortende die Frage richtig versteht. Mehrere Fragen dieser Art in Folge sind aber recht eintönig; diese Monotonie kann man durchbrechen, indem man ab und zu eine anders gestaltete Frage einschiebt, beispielsweise:

Bitte bewerten Sie, ob der folgende Satz richtig ist: „Am Bildschirm lese ich besser als auf Papier."

Alternative Frage zwischendurch

Richtig	Falsch	Weiß ich nicht

Dieses Beispiel zeigt zwar eine ungerade Anzahl der Antwortmöglichkeiten, es ist aber unwahrscheinlich, dass der Antwortende hier „den Mittelweg" wählt.

Viele andere Möglichkeiten stehen zur Verfügung. Die Kästchen oder Kreise können größer sein, und die Antworten stehen darin. Eine Linie mit Skaleneinteilung, auf der das Kreuz oder der Kringel zu machen ist, erfüllt die gleiche Funktion.[2]

Wie schätzen Sie die Bedeutung der Firmenzeitschrift für Ihre Mitarbeiter ein?

Alternativen zu Kästchen

Sehr hoch	hoch	gering	sehr gering

Beispiel Skaleneinteilung

---

2   Siehe auch „Die Gestaltung des Bogens" auf Seite 144.

Filterfragen

Fragen in
Abhängigkeit
von Antworten

Der Filter dient dazu, die Bearbeitung des Fragebogens zu steuern. Hat jemand auf die Frage, ob er unsere Zeitung kenne, mit „nein" geantwortet, erübrigt sich die Frage nach seiner Einschätzung des Blattes: Wir lenken ihn zu einem anderen Thema.

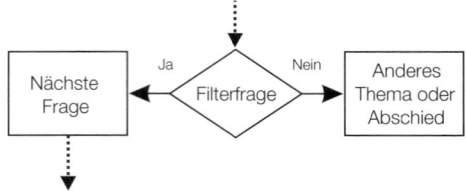

Die Antwort entscheidet, welche Frage als nächste zu beantworten ist.

Pufferfragen

Manchmal:
Künstlichen
Abstand
schaffen

Die Antworten auf Fragen beeinflussen einander. Wer in einem Fragebogen einen Sachverhalt negativ bewertet hat, könnte in der folgenden Frage schon deswegen ähnlich entscheiden.

Aus diesem Grund kann es hilfreich sein, zwischen die beiden Fragen einen Puffer einzubauen, der den Befragten etwas ablenkt.

> Frage$_1$:   Haben Sie den Tagungsort leicht gefunden?
>
> Frage$_2$:   Wie zufrieden waren Sie mit dem Hotel?

Nehmen wir an, das Hotel wäre der Tagungsort, könnten sich beide Fragen beeinflussen. Sinnvoll kann es dann sein, zwischen sie eine Pufferfrage zu schieben, vielleicht nach der Art der Anreise, Auto, Bahn, Flugzeug, … Pufferfragen haben manchmal keine besondere Bedeutung für den Erkenntnisgewinn der Fragenden.

Katalogfrage

Zwischen
Alternativen
entscheiden

In Fragebögen wird besonders häufig die Alternativfrage genutzt, die man auch in mündlichen Interviews findet. Im Fragebogen bezeichnet man sie auch als *Katalogfrage*.

„Woher beziehen Sie dieses Wissen über xyz?"

☐ ☐ ☐ ☐ ☐

Von Kollegen   Anruf beim   Handbuch   Schulurg   Andere Quelle
           Hersteller

Das Ergebnis wird eine Rangfolge sein: $x = 42\%$, $y = 28\%$ ...

Übergänge

Wenn ein Interviewer die Fragen vorliest, von Angesicht zu Angesicht oder am Telefon, kommen noch Übergangsfragen oder
Übergangsaussagen hinzu, zum Beispiel:

> Übergang: Wir haben schon die Hälfte geschafft. Ich möchte
> Ihnen jetzt einige Fragen über ... stellen.

Diese Übergänge wirken wie ein Zeiger, sie sagen dem Befragten,
wie weit man ist und wie lange es noch dauern wird.

*Fragebogen
mit Interviewer
am Telefon
oder in direkter
Begegnung*

Profilfragen

Man will etwas über den Befragten wissen: Beruf, Ausbildung,
Geschlecht, Stellung im Betrieb ...

Profilfragen gehören an den Schluss des Fragebogens. Sie
schrecken den Befragten ab, der seine Scheu eher überwindet,
wenn er schon einige Fragen beantwortet und Zeit investiert hat.
Nur in wenigen Fällen muss man solche Fragen vorziehen, etwa
wenn die Berufsausbildung eine Filterfrage ist, die das weitere
Ausfüllen steuert.

Achten Sie darauf, dass Personen nicht individuiert werden
können, beispielsweise durch die Frage nach Alter, Ausbildung
und Abteilung. Bilden Sie beispielsweise Altersgruppen – zwischen x und y. Wie Gruppen nach Alter, Ausbildung und anderen
Kriterien zu bilden sind, erfahren Sie aus den *demographischen
Standards,* die im Internet vom Bundesamt für Statistik herunter-
geladen werden können.[3]

Wer sind Sie?

Am Schluss

*Datenschutz
beachten*

---

3   Hanefeld, Hoffmeyer-Zlotnik, Jürgen, *Demographische Standards.*

Bei innerbetrieblichen Fragebogenaktionen ersparen die Zustimmung des Betriebsrats und eventuell ein Gespräch mit dem
Hausjuristen einigen Ärger.

3.5 Fragefolgen und Fragestrategien

Wer aufs Geratewohl losfragt, wird sich öfter die Zähne ausbei-
ßen als jemand, der sich vorher überlegt, womit diese Nuss am besten zu knacken ist. Schusseligkeit, mangelnde Aufmerksamkeit,
Lüge, Übertreibung und Wichtigtuerei vernebeln den Durch-
blick, schicken einen oft genug auf falsche Fährten. Dagegen helfen Fragestrategien, die man mit einiger Erfahrung mehr oder
weniger automatisch nutzt.

Auf den Trichter kommen

Von der
offenen Frage

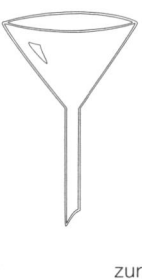

zur
geschlossenen

Die erste und bekannteste Strategie ist der Trichter, eine Kombination, die mit einer ganz offenen Frage beginnt. Sie soll den
Gesprächspartner ermutigen, viel zu erzählen. Schritt für Schritt
werden die Fragen dann etwas geschlossener, lassen den anderen
sich ein bisschen mehr festlegen, bis schließlich die letzte Frage
das „Ja" oder „Nein" erzwingt oder wenigstens nahe legt: Diese Fragefolge kommt vom Allgemeinen zum Speziellen, sie stößt
also langsam zum Kern eines Problems vor.

Frage 1:   „Welche Entwicklungspläne hat Ihr Haus für das
            kommende Jahr in Frankfurt?"

Frage 2:   „Wie sollen sich die Niederlassungen über das
            Stadtgebiet verteilen ?"

Frage 3:   „Werden Sie den Markt an der Brahmsstraße
            schließen?"

Der Trichter gibt dem Gesprächspartner die Gelegenheit, sich
selbst in das Thema einzufinden. Für den Interviewer mag in manchen Situationen nur die letzte Frage wirklich wichtig sein.

Ein anderes Beispiel zeigt, dass diese Technik manchmal auch dazu geeignet ist, beabsichtigte oder unbeabsichtigte Täuschungen aufzudecken. Das Spiel mit offener und geschlossener Frage ist geeignet, eine Festlegung herbeizuführen. Wieviele Fragen man stellen muss, um zur entscheidenden letzten zu gelangen, ist unerheblich.

Täuschungen verhindern

Frage 1:   „Worin bestehen die Risiken für den Nutzer?"

Frage 2:   „Für wie wahrscheinlich hält Ihre Entwicklungs–abteilung Materialermüdungen?"

Frage 3:   „Haben Sie eine ausführliche Risikobeurteilung durchgeführt?"

Wer in der zweiten Antwort nicht auf Untersuchungen möglicher Gefahren hinweist, kann kaum in der dritten glaubhaft mit „ja" antworten.

Den Trichter umdrehen

Ein Trichter in Gegenrichtung: Mit dieser Fragefolge tastet sich der Interviewer vom Speziellen zum Allgemeinen vor. Sie kann dazu dienen, dem Befragten den Einstieg in ein Thema zu erleichtern. Wer nicht gerne spricht oder mit der Erinnerung an ein unangenehmes Ereignis nicht sofort heraus will, kann so langsam zur Auskunft angeregt werden. Die erste Frage fordert nur „ja" oder „nein". Ist man fortgeschritten, können die Antworten umfangreicher werden.

Diese Strategie ist besonders geeignet im Gespräch mit Menschen, die innerlich aufgewühlt, erschüttert oder verängstigt sind.

Von der geschlossenen

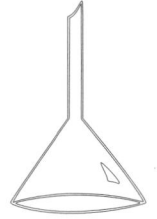

Frage
zur offenen

Frage 1:   „Waren Sie am Unfallort?"

Frage 2:   „Wie viele Fußgänger waren etwa zu der Zeit in der Nähe?"

Frage 3:   „In welcher Richtung liefen Sie über die Straße?"

Frage 4:   „Erzählen Sie mir, was Sie beobachtet haben."

Der Trichter öffnet sich nach und nach, der Interviewer führt den Befragten langsam an das Geschehen heran. Wenn die ersten Antworten gegeben sind, fällt es manchem leichter, dabei zu bleiben und schließlich auch umfassend Auskunft zu geben.

Abwimmeln und aufklären

Eine
Barriere aus
Hindernissen

Kennen Sie das? Man will ein Dokument nicht herausgeben, weil es noch nicht korrigiert ist, es enthält Fehler, unangenehme Wahrheiten oder es passt sonst irgendwie nicht ins Bild. Wie geht man in solchen Fällen vor? Man erfindet eine Ausrede! Das Dokument liegt beim Chef. Da kommt man also nicht heran. Im Moment sowieso nicht, weil er im Urlaub ist. Dann muss es erst noch gelesen werden. Zur Rechtsabteilung geht es auch noch. Immerfort werden neue Gründe erfunden, die Eindringlinge abhalten könnten, an das Dokument zu gelangen.

Der Wust an Schwierigkeiten und Hindernissen ist für den Fragenden so groß, dass die Recherche abbrechen könnte – ohne irgendeinen befriedigenden Grund. Man gelangt nicht zum Ziel, kann aber auch nicht genau sagen, was die Ursache ist: mangelnde Kooperationsbereitschaft, Schlamperei und Desorganisation oder irgendein verborgenes Motiv.

Das Knäuel
entwirren

Manchmal hilft es dann, ein Hindernis nach dem anderen zu beseitigen und abschließend die alles entscheidende Frage zu stellen:

Frage: „Wenn alle diese Schwierigkeiten überwunden sind: Kann ich dann das Dokument einsehen?"

Solche Fragen werden gestellt, nachdem alle Hindernisse – im Gedankenspiel – beseitigt sind. Es beginnt also mit einem Frage-Antwort-Spiel der folgenden Art:

Frage: „Kann ich das Dokument anschauen?"

Antwort: „Oh, das liegt im Moment beim Chef. Und der ist im Urlaub."

Frage: „Wann wird er denn aus dem Urlaub zurück sein?"

Antwort: „Anfang nächster Woche."

Frage: „Könnten wir dann einen Termin mit dem Chef vereinbaren, damit ich den Text mal ansehen kann?"

Antwort: „Das wird bestimmt nicht gehen, weil dann erstmal ..."

Der Witz bei dieser Technik besteht darin, dass man den anderen entwaffnet. Beharrliches Nachbohren lässt letztlich keinen Ausweg mehr. Entweder wird es einen Termin geben, an dem man das Papier in Händen hält, oder der andere verliert auch für ihn deutlich spürbar an Glaubwürdigkeit. Er hätte auch gleich die freundliche Maske fallen lassen und zugeben können, dass mit seinem Dokument etwas faul ist. Das geschieht dann auch gelegentlich: *Ein Problem nach dem anderen abbauen*

Antwort: „Theoretisch ginge das, aber wir werden Ihnen das Material wahrscheinlich nicht zur Einsicht geben."

Die Lebenserfahrung sagt dem Gesprächspartner schnell, dass da einer anfängt alle Deckungen abzubauen. Freunde gewinnt man also mit dieser Technik nicht, sie wirkt penetrant und etwas aufdringlich. Äußerst sparsamer Einsatz der Isolationsstrategie versteht sich deswegen von selbst.

Das kognitive Interview

Wie muss man einen Zeugen befragen, damit er möglichst viel erinnert? Einige Details sind vergessen, manche durch späteres Nachdenken überlagert und verfälscht. Direkte Befragung – „sprach der Anrufer mit Akzent?" – kann schnell in die Irre führen, wenn der Informant krampfhaft eine Erfahrung zu rekonstruieren versucht, die irgendwie verschüttet ist. *Vergessen und verwechseln*

Gerüche, Bilder, Gesichter, Töne – Fetzen des Erlebten, die mehr oder weniger zusammenhängen: Das Gehirn speichert Erinnerungen vermutlich nicht als einen Block. Eher legt es einzelne Pfade und Spuren an, zwischen denen zwar noch eine Verbindung besteht, die aber mehr oder weniger voneinander unabhän-

gig sind. Deswegen kann man sich manchmal nur an einige Details gut erinnern, andere vergisst man. Das Recherchegespräch
mit Augenzeugen oder auf andere Art an einem Geschehen Beteiligten muss möglichst viele dieser einzelnen Spuren freilegen,
um so ein Gesamtbild zu gewinnen.

*Erinnerung
rekonstruieren*

Das kognitive Interview ist eine Befragungsmethode, die bei
der Spurensuche im Großhirn hilft. Sie wurde von Psychologen
entwickelt und gehört vor allem in den angelsächsischen Ländern
zum Repertoire polizeilicher Vernehmungstechnik. Jeder Rechercheur sollte sie kennen, denn man kann sie manchmal auch
in Interviews nutzen, die in einem kooperativen, vielleicht sogar
partnerschaftlichen Verhältnis stattfinden: Der Befragte will helfen und Auskunft geben, wenn er nur könnte.

Ein aus der Literatur bekanntes Experiment[4] zeigt, wie man
diese Methode einsetzen kann. Versuchspersonen sollen sich angeblich an einem ganz normalen Test beteiligen, der dazu dient,
die Gedächtnisleistung zu prüfen. Ein Overheadprojektor zeigt
dazu Folien mit Wortlisten. Doch dieser Test ist nur ein Trick, um
den eigentlichen Versuch durchzuführen:

*Eine kleine
Theater-
aufführung*

Plötzlich betreten zwei Personen den Raum und beginnen mit
dem Versuchsleiter einen Streit um den Projektor, der vorgeblich
für eine andere Veranstaltung benötigt wird. Versuchsleiter und
Eindringlinge sind Schauspieler, die nach Drehbuch arbeiten. Jedes Wort, jede Information zu diesem Streit ist vorher festgelegt,
nichts bleibt dem Zufall überlassen – eine ideale Bedingung, um
das Erinnern an eine für den Befragten unerwartete Situation zu
testen.

48 Stunden später folgt dann der eigentliche Test. Die Teilnehmer werden in zwei Gruppen aufgeteilt, von denen eine in kognitiven Interviews befragt wird, die andere mit herkömmlichen
Techniken. Sie sollen erinnern, was sie während des Streits um
den Projektor bemerkt haben. Das Ergebnis ist eindeutig: In
einem nach kognitiver Methode geführten Gespräch erinnert der
Befragte mehr Details über Personen, Objekte und Ereignisse.

So wird es gemacht
Zunächst unterrichtet der Interviewer seinen Gesprächspartner
und weist ihn auf Besonderheiten des Verfahrens hin, auf vier
Techniken, die es bestimmen:

---

4   Geiselmann u.a. *Enhancement.*

1. An den Zustand zur Zeit des Geschehens erinnern: an Licht, Geräusche, Gerüche, Gefühle, die eigenen Absichten, die eigenen Reaktionen erinnern. Wenn der Befragte sich in den Zustand zurückversetzt, möglichst viele Spuren erinnert, dann ist eine Voraussetzung geschaffen, das Geschehen noch einmal zu durchlaufen. Man könnte sagen, dass zunächst nicht das Wichtige entscheidend sein muss, sondern dass gerade Unbedeutendes Voraussetzung für ein Erinnern der entscheidenden Fakten sein kann.

Zurück-versetzen

Dieses Szenario ist so stark, so wichtig für den Erfolg, dass das ganze Interview scheitern wird, falls der Rechercheur Fragen stellt oder Bemerkungen macht, die den Befragten aus der Konzentration reißen.

2. Alles notieren, was in diesem Zusammenhang einfällt, auch das „Unwichtige." Manches möchte man nicht erwähnen, weil man es nicht für bedeutend hält. Doch ob ein Detail tatsächlich unwichtig ist oder nicht, kann man später immer noch untersuchen. Erst einmal muss es aufgeschrieben sein. Der Informant kann am Rand notieren, wie sicher er sich dieses Details ist, für wie bedeutend er es hält.

Aufschreiben

3. Ein typisches Verhalten des Augenzeugen: Er geht chronologisch vor, beginnt mit dem Anfang und hört mit dem Ende eines Ereignisses auf. Das soll auch im kognitiven Interview nicht anders sein. Ergänzend wird der Berichtende in dieser Technik jedoch aufgefordert, einzelne Sequenzen herauszupicken und sie auch in umgekehrter Reihenfolge zu erzählen. Beliebige Stränge des Erzählens in beliebiger Reihenfolge zerren manchmal schon längst verschüttete Spuren der Erinnerung wieder hervor.

Erst chronologisch, dann mit Zeitenwechsel

4. Dem Bericht aus eigener Sicht folgen solche aus der Sicht anderer Beteiligter oder Zeugen. „Sie sagten, auf der gegenüberliegenden Kreuzung stand eine alte Dame mit Dackel. Was kann sie von dort beobachtet haben?" Auch der Perspektivwechsel ist geeignet, vorher nicht Gedachtes in den Bericht des Zeugen zu integrieren. Bei Straftaten gehört dazu, dass der Zeuge berichtet, was das Opfer womöglich wahrgenommen haben könnte.

Andere Sichtwinkel

Damit es gelingt

Zwei Voraussetzungen müssen erfüllt sein:

Training   1. Der Interviewer muss in dieser Technik trainiert sein, ohne Übung geht es nicht. Schon eine vierstündige Einführung kann genügen. Wenn solche Trainings nicht ausreichend angeboten werden, kann man sich mit einigen Kollegen selber helfen: Steht kein Trainer zur Verfügung, hilft die Videoaufzeichnung mit anschließender Auswertung. Die Ereignisse müssen nicht einmal dramatisch sein, verknüpft mit Skandal, Unfall oder Lebensgefahr. Wenn man sich in einem Trainingszentrum oder dergleichen trifft, kann schon die Anreise genügend Anlass bieten, Szenen zu rekapitulieren. Wenn alle Stricke reißen, eine Ausbildung unmöglich ist, dann werden eben die ersten richtigen Interviews aufgezeichnet und anschließend mit Kollegen durchgesprochen.

Anforderungen   2. Auch dem Gesprächspartner wird einiges abverlangt, erstens
an den   die Bereitschaft zur Mitarbeit, denn auch ihm stiehlt die-
Informanten   se Methode Zeit. Ein kognitives Interview dauert länger als die einfache Befragung. Zweitens muss der Interviewte einige Fähigkeiten mitbringen, er soll etwas aufschreiben können, muss die Technik verstehen und sich auch sonst intellektuell weit mehr beteiligen als in einem üblichen Recherchegespräch.

Kognitive Interviews sind folglich sehr aufwändig und sind sicher nicht für den alltäglichen Kleinkram geeignet. In einigen besonderen Fällen kann man diese Technik jedoch gut nutzen, weil ihre Ergebnisse denen eines „Standardinterviews" überlegen sind. Ein Training in dieser Methode ist auf jeden Fall nützlich, damit der Rechercheur im gegebenen Fall Aufwand und Nutzen gegeneinander abwägen kann.

Zauberformeln

Gespräch mit einem Projektleiter, Thema ist das neue Produkt, das demnächst auf dem Markt erscheinen wird. Irgendetwas ist faul, er will aber die Fakten nicht auf den Tisch legen. In der Redaktion diskutiert man, dass sich dieser Hersteller wohl verhoben haben könnte, etwas zu viel vorgenommen.

Offenheit   Der Gesprächspartner steckt in einer Klemme. Gibt er zu,
kann dem   dass nichts so richtig klappt, setzt er sich selbst in ein schlechtes
Selbstwert-   Licht. Wer gesteht schon gerne der Presse gegenüber ein, dass er
gefühl schaden

sich total verschätzt hat, zum Schaden der Kunden. Schließlich ist er verantwortlich und einer der Verursacher des Problems.

Dann mag eine relativ alte Strategie helfen, das geschickte Interviewer gerne einsetzen, die Zauberformeln:[5]

1. Rationalisieren,
2. einem anderen die Mitschuld geben oder sogar die Schuld ganz in die Schuhe schieben und
3. alles ein bisschen bagatellisieren.

R Rationalize: Drei Schritte, die dem Gegenüber helfen, ein Desaster einzugestehen, ohne das Selbstwertgefühl zu verlieren. Eine Rationalisierung kann in diesem Zusammenhang schon die Bemerkung sein, dass man es eben nicht allen recht machen könne. Einige Bedürfnisse des Kunden müssten immer auf der Strecke bleiben.

Rationalisieren

P Project: Die Geschäftsleitung, unvollständige Marktanalysen der Marketingleute, mangelhaftes Equipment oder andere Ursachen – im Beispiel oben sind es vielleicht nicht einmal Ausreden, weil ja tatsächlich selten einer allein eine ganze Produktlinie in schlechtes Licht rücken kann. Viele haben mitgewirkt, und es mag die Kooperationsbereitschaft des Gesprächspartners unterstützen, darauf hinzuweisen.

Schuld haben immer die anderen

M Minimalize: Den Hinweis, dass es so schlimm schon nicht sei, kennt jedes Kind, das verlegen aus der Schule heimkommt und den Bericht über die Mathearbeit verweigert.

Alles gar nicht so ein Problem

Schon in der Vorbereitung auf ein Interview ist es manchmal sinnvoll, nach Brücken zu suchen, die der Gesprächspartner überqueren könnte, Auswege zu finden, die es erleichtern, eine Panne zuzugeben.

Vorher an Brücken denken

Mit Hilfe dieser Brücken kann man Fakten ansprechen, ohne dass dabei das Selbstwertgefühl des Interviewpartners angegriffen wird. Dieser erhält frei Haus alle Entschuldigungen, die er braucht, um über einen für ihn unangenehmen oder peinlichen Zusammenhang zu reden.

Der Rechercheur wird sich hüten, diese gedanklichen Krücken in seine eigene Faktenwelt zu übernehmen. Es sind Hilfsmittel, die den Weg an die Informationen ebnen, mehr nicht.

---

5 In der Literatur bekannt als RPM-Technik, Rationalize, Project and Minimalize. Napier u. a., *Magic Words*.

Unsaubere Tricks

Grenzgänge zwischen schmutziger Wäsche und Nötigung. Manchmal erleichtert es die Arbeit, wenn der Rechercheur Intrigen, Missgunst und gestörte Kommunikationsstrukturen auf der Seite des Informanten für seine Zwecke nutzen kann. Ob nun einer gegen den anderen ausgespielt wird – „...hat x irgendwie geschickter angestellt...“ – oder waschechte Lügen ausprobiert werden – „... hat aber gesagt, dass ...“ –, es sind fast immer Strategien, die verbrannte Erde hinterlassen. Die Kommunikationsebene zwischen diesem Informanten und dem Rechercheur ist schnell ruiniert.

Graben-kämpfer, Mobber und Seilschafter

Mogeln manchmal möglich

Manchmal hilft es dennoch, sein Gegenüber mit einer Hypothese zu überfallen und diese als Erkenntnis auszugeben:

Frage: „Wir wissen, dass Sie eine Filiale schließen werden. Uns interessiert nur noch, was mit den Mitarbeitern passiert. Mit wievielen Kündigungen rechnen Sie?“

Natürlich hat man die Schließung nur vermutet, es wird aber jetzt zur Gewissheit, wenn der Pressesprecher nun von der sozialverträglichen Abwicklung schwärmt. Nun wissen wir es wirklich.

Auskunfts-pflicht

Institutionen, die durch Landespressegesetze zur Auskunftspflicht angehalten sind, werden eher durch ein bisschen Nachhaken überzeugt als durch eine Drohung. Der Hinweis, dass mangelnde Kooperation zu einem schriftlichen Vorgang führt, klingt zwar beeindruckend, deutet aber einige Mehrarbeit ebenso für den Rechercheur an. Auch ein anderer Konflikt lässt sich ohne Schreibkram meist bereinigen: Hat man erfahren, dass Kollegen aus anderen Redaktionen Fragen beantwortet wurden, während man selbst auf Granit beißt, hilft eine Erinnerung: Solche Bevorzugungen ausgewählter Medien sind nicht rechtskonform. Das dürfte meist reichen, die Chancen, auf die eigenen Fragen Antworten zu erhalten, sind sofort gestiegen.

Fließende Übergänge zum Rechtsbruch

Das Risiko wächst beim Einsatz der schweren Geschütze. „Dann schreiben wir einfach, dass Sie es gewesen sind.“ Drohungen und Unterstellungen in der Nähe strafbarer Handlungen: Es ist keine Frage, dass einige Journalisten auch solche Methoden nutzen. Ob das journalistische Ziel den – möglichen – Rechtsbruch rechtfertigt, muss jeder für sich entscheiden.

Zu bedenken ist besonders, dass Tricks in der Nähe einer Nötigung, etwa die Drohung mit einer Veröffentlichung, besonders bei denen greifen, die sich ohnehin kaum wehren können. Wer in diesen Dingen nicht völlig hilflos ist und einen guten Anwalt kennt, wird darüber lachen.

Sicher können manche Erfolge in der Recherche auch dann gerechtfertigt sein, wenn man sie mit fragwürdigen Tricks erlangt. Das große Ziel, beispielsweise der Nachweis einer rücksichtslosen Umweltverschmutzung, könnte etwas Druck im Interview mit den Mitarbeitern einer Produktionsstätte als kleines Übel erscheinen lassen. Investigativer Journalismus kommt nicht nur mit den Methoden aus, die offiziell gelehrt werden. Zwar verbietet §4 des Pressekodex den Einsatz unlauterer Mittel, im Einzelfall entsteht aber Streit darüber, welche Mittel tatsächlich dazu gehören. *(Unlautere Mittel)*

Doch diese häufig diskutierten Fälle sind in Wirklichkeit die Ausnahmen. Der Alltag sieht anders aus. Darin kann man Druck vor allem durch Sachkenntnis erzeugen. Saubere Informationsbeschaffung vor einem Recherchegespräch bleibt die wirksamste Methode den anderen zu überzeugen, dass Schwindeln und Verschweigen wahrscheinlich nichts bringen. Einer, der sich gut vorbereitet hat, teilt unmissverständlich mit: „Ich bekomme es heraus, mache sowieso weiter. Durch mangelnde Kooperation bringst du mich nicht zur Aufgabe. Mach lieber mit, dann sind deine Interessen in meiner Arbeit auch vertreten." *(Kompetent und hartnäckig)*

Hart oder herzlich

Sogar Ärzte erfahren manchmal nicht, was sie wissen müssten, um ihrem Patienten helfen zu können. Dieser sagt eben vieles nicht, weil es ihm peinlich ist oder weil er sich in einem Dilemma sieht, dessen Lösung er weder sich noch seinem Arzt zutraut. Familiäre oder betriebliche Schwierigkeiten, manchmal auch die Furcht vor einer Diagnose, der er sich nicht gewachsen fühlt, lassen ihn wichtige Fakten verschweigen, einiges auch entschärfen: *(Peinlich, unangenehm, furchterregend)*

> „Natürlich treibe ich Sport ..."
> Oder: „Höchstens mal ein Bierchen ..."

Je unangenehmer, gefährlicher oder tabuisierter das Thema ist, desto mehr Vertrauen ist erforderlich, damit die Fakten auf den Tisch kommen. In der Recherche ist das nicht anders.

Für den Rechercheur folgt daraus: Sich nicht auf der Nase herum-
tanzen zu lassen, deutlich und hartnäckig werden, das sind sicher
wichtige Fähigkeiten.

 Entscheidender aber ist es, Vertrauen aufzubauen. Dazu muss
man hin und wieder Umwege gehen, eine Strategie entwickeln,
die demonstriert, dass der Informant nichts zu befürchten hat.

Frage: „Davon wissen zu wenig Leute. Wie könnte man
              diese Information in Ihrer Behörde streuen, damit
              viele davon wissen und nicht herauskommt, dass
              SIE mich informiert haben."

Informanten   Aus dem Bericht eines alten Hasen: „Wenn ich eine Unterlage
schützen   bekomme und das Gefühl habe, dass sie nicht ausreichend viele
              Leute gesehen haben, dann bitte ich den Informanten, die Un-
              terlage durchs Haus zu schicken. Wenn 40 Leute sie haben, ist
              die Gefahr für ihn geringer, aufzufliegen. Wenn irgendwas raus-
              kommt, ist ja nicht die Frage, ist das falsch, was in der Zeitung
              steht. Sondern, wer hat nicht dicht gehalten? Und um dieses Ri-
              siko für die Informanten zu minimieren, mache ich es so. Was si-
              cherlich auch vertrauensbildend ist und mir ermöglicht wieder-
              kommen zu dürfen."[6]

Wer petzt,   Ganz besonders gilt das Vertrauensprinzip in der innerbe-
ist aus dem   trieblichen Recherche, der Arbeit für Betriebszeitungen, PR-
Geschäft   Abteilungen, technische Redaktionen und andere Umgebungen.
              Wer sich dort in Tricks versucht, den lassen die Kollegen schnell
              im Regen stehen.

Planung und Spontaneität

Gründliche Vorbereitung eines Interviews ist mehr als die halbe
Miete, aber eben noch nicht alles. Man hat seinen Fragenkatalog
aufgeschrieben, kennt die Techniken und setzt – nach Einschätzung der Lage und beruflicher Erfahrung – Fragestrategien ein,
die zum Ziel führen.

Primärfragen   Fragen, die Rechercheure auf diesem Wege stellen, sind die
               Primärfragen. Sie stehen als Stichworte oder ausformuliert im

6   Hans Leyendecker in Cario, Ingmar [u.a.], *Recherche lernen*, S. 162.

Katalog. Man kann sie voraussehen, von einigen Details abgesehen.

Die interessantesten Gespräche beschränken sich aber nicht darauf, dass eine Liste abgearbeitet wird. Oft zeigt die Antwort dem aufmerksamen Zuhörer einen Weg, der nicht vorauszusehen war. Er muss **nachbohren**, Zusammenhänge begreifen und spontan Fragen stellen, die unmöglich am Schreibtisch geplant werden konnten: die Sekundärfragen.

Sekundärfragen

Frage: „Sie sprechen vom Lieferanten des Zubehörs. Gegenwärtig stellt das doch Ihr Werk in Hanau her. Wollen Sie diesen Auftrag nach außen vergeben?" … Je nach Antwort etwas später gefolgt von: „Wann werden Sie das Werk Hanau schließen?"

Eine denkbare Wendung des Gesprächs, die niemand voraussehen konnte. Vielleicht gibt es in dieser – fiktiven – Situation keine klare Antwort, dann ist es wenigstens Recherche-Auftrag für ein nächstes Projekt.

Planung und Spontanität sind die beiden Extreme, zwischen denen sich jedes Recherchegespräch bewegt. Wer ohne gründliche Vorbereitung startet, ist in dieser Arbeit auf Dauer ebenso verloren wie andere, die nur ungern aus der Hüfte schießen und stur ihren Katalog abarbeiten.

So wichtig der Fragenkatalog auch ist, auf ihn allein darf man sich nicht verlassen, denn drei Faktoren bestimmen den Erfolg:

- das Vorwissen,
- der Plan und
- die schnelle Reaktion.

Zusammenfassung

Reine Informationsfragen sind geschlossene oder offene Fragen. Im Idealfall beantwortet man die geschlossene Frage mit „ja" oder „nein". Die offene Frage fordert zu umfangreichem Erzählen auf. Darüber hinaus sind verschiedene Frageformen bekannt, mit denen man steuernd in das Gespräch eingreifen kann. Unterschiedliche Fragestrategien sind dazu geeignet, „auf den Punkt zu kommen",

Täuschungen zu erkennen oder zu stoppen und das Erinnerungsver-
mögen des Informanten aufzufrischen.

4 Das persönliche Gespräch

Unvorbereitet in ein Gespräch gehen, nicht genügend Fakten recherchiert, keinen Plan in der Tasche, alles dem Zufall überlassen: Das sind typische Anfängerfehler, die vielen unterlaufen. Man hat als leitendes Beispiel prominente Journalisten vor Augen, die sich scheinbar immer auf den richtigen Riecher verlassen können. Hinter deren Erfolgen stecken aber Berufserfahrung und Arbeitsdisziplin, die längst in Fleisch und Blut übergegangen sind.

Interviews in der Recherche dienen dazu, Fakten, Hintergründe, Stimmungen und Meinungen zu erfahren. Sie sind verwandt eher den Methoden eines Ingenieurs als denen des genialen Kommissars im Fernsehkrimi, den es im wirklichen Leben ja auch nicht gibt. Gefordert sind saubere, reproduzierbare Ergebnisse, die einer Gegenprüfung standhalten und oft gemeinsam mit Kollegen genutzt werden müssen.

Die Arbeit beginnt mit einer sauberen Vorbereitung, für wichtige Gespräche kann sie Tage und Wochen in Anspruch nehmen. Das Interview selbst ist gründlich geplant, von der Begrüßung bis zur Verabschiedung. Damit ist die Arbeit nicht vorbei, die Ergebnisse müssen ausgewertet, protokolliert und gespeichert werden.

4.1 Vorbereiten

Kann ich jetzt schon an diesen Gesprächspartner herangehen? Habe ich genug Informationen?

Jede Recherche kann sich anders entwickeln, als die vorhergehenden waren. Deswegen gibt es nicht wirklich ein Erstens, Zweitens und Drittens. Man kann aber einige Empfehlungen geben, die verblüffend oft hilfreich sind. Eine sehr einleuchtende ist die zehnte Grundregel Michael Hallers: „Die Reihenfolge der Befra-

gungen sollte so angelegt werden, dass ,von außen nach innen'
befragt werden kann. Mit ,außen' sind die Unbeteiligten gemeint,
mit ,innen' die am Geschehen aktiv und passiv direkt Beteiligten,
auch die Betroffenen."[1]

Immer von
außen nach
innen

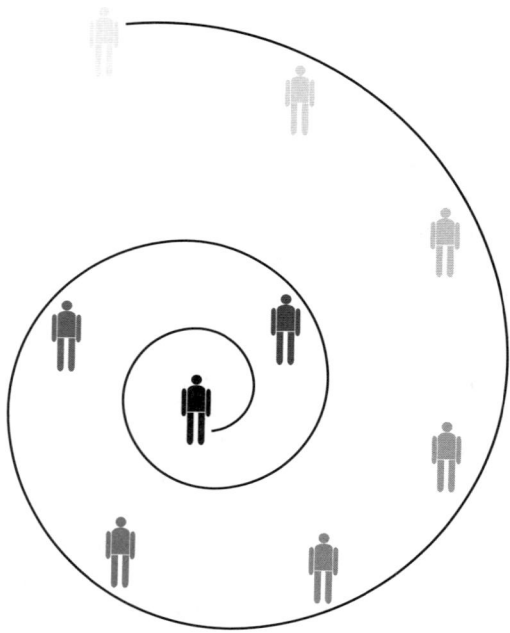

Beharrlich einkreisen, Recherchegespräche von außen nach innen: Die dicksten
Brocken kommen immer zum Schluss.

Schritt
für Schritt
heranarbeiten

Ein Beispiel: Vor dem Gespräch mit dem Verantwortlichen für
die Werksschließung sind viele andere interviewt worden, An-
wohner, Kunden, Mitbewerber, Wirtschaftsexperten. Viele Informanten, die vom Kern des Geschehens entfernt sind,
• bestätigen das eigene Wissen,
• zeigen Lücken und
• helfen dabei, die nächsten Schritte zu gehen.
Im Laufe der Arbeit wird die Spirale immer enger, das Wissen
des Rechercheurs wächst, auch kompetentere Gesprächspartner
können besucht werden. Schließlich kann man sich an die Großen
heranwagen, vielleicht sogar auf Augenhöhe miteinander reden.

---

1   Haller, *Recherchieren*, S. 74.

Das Thema

Man fragt keinen Historiker, wann der Dreißigjährige Krieg war. So etwas steht im Lexikon, damit stiehlt man einem Profi keine Zeit.

Auch Recherchegespräche sollen Fragen beantworten, die der Rechercheur auf anderem Wege nicht hätte bearbeiten können.

Anlass des Gesprächs

> Informationen, die aus Archiven, Bibliotheken, Zeitungen, Zeitschriften, Büchern, einigermaßen zugänglichen Dokumenten und Datenbanken oder dem Internet zu beschaffen sind, dürfen nicht **Anlass** für ein Recherchegespräch sein.

Wie immer gibt es Ausnahmen, Kleinkram, den kurzen Anruf, das Gespräch zwischen ‚Tür und Angel'. Selbst längere Interviews müssen Redakteure manchmal unvorbereitet führen, wenn Zeit und Gelegenheit für Vorab-Recherchen fehlen: tagesaktuelle Unglücksfälle, Straftaten, unvorhergesehene Entscheidungen von Managern, Politikern oder Funktionären. Sonst aber gilt: Ein Interviewer wird umso einfacher über einen Sachverhalt reden können, je kompetenter er ist.

Für den Berufsanfänger wird die thematische Vorbereitung auf ein Interview leicht zu einem Albtraum: Wann habe ich genug zusammengetragen, durchgesehen und ausgewertet?

Zwei traurige Wahrheiten:

1. Verlassen Sie sich darauf, dass es immer irgendwelche Informationen gibt, die Sie noch hätten beschaffen können und die Ihnen mehr oder weniger fehlen werden.

Irgendetwas fehlt immer

2. Einige Interviews scheitern, obgleich die Vorarbeiten gründlich und fehlerfrei waren.

Misserfolg trotz Vorbereitung

Dass man sich in seinem Thema auskennt, ist also keine Garantie für den Erfolg des Recherchegesprächs. Ein Misserfolg ist hingegen sehr wahrscheinlich, wenn die Hausarbeiten nicht erledigt sind.

Rechercheplan

Daniel Düsentrieb oder richtiger Ingenieur? Wer professionelle Ergebnisse vorlegen will, wird sich nicht für die Alternative aus Entenhausen entscheiden. Ohne Projektplanung – den Rechercheplan – geht es nicht.

Die typische Recherche ist in einigen Aspekten einem Projekt in der Industrie sehr ähnlich.

Resultat

• Das Ergebnis ist dort ein Produkt, hier die Stoffsammlung für einen Artikel, eine Druckschrift oder Sendung.

Verhältnis
Kosten / Nutzen

• Die Arbeit kostet Geld. Sie muss deswegen in einem für den Rechercheur oder seinen Auftraggeber angemessenen Verhältnis zum Nutzen stehen. Eine beunruhigende Entwicklung ist der gegenwärtige Trend, an der Recherche zu sparen. Doch auch die Qualität des redaktionellen Produktes ist von den Vorarbeiten abhängig – nicht anders als in industrieller Produktion.

Anfang / Ende

• Das Projekt hat einen Anfang und ein Ende, den Redaktionsschluss oder Veröffentlichungstermin.

Zeit
kontrollieren

• Termine halten, kostengünstig arbeiten und auch noch Qualität liefern kann am besten, wer vorher Zeitmarken setzt, an denen er Soll und Ist miteinander vergleicht: die Meilensteine.

Damit muss der Vergleich auch enden, denn im Unterschied zu Industrie und Ingenieurwesen beginnen Recherchen oft mit Hypothesen, manchmal auch mit Aufträgen, deren Resultat kaum abzusehen ist: „Finden Sie heraus, ob …“

Der Rechercheplan ist zunächst ein einfaches Dokument, mit Papier und Bleistift oder passender Software zu erstellen. Vorteil der **elektronischen** Variante ist, dass man alle Informationen einheitlich verwalten und daraus das Rechercheprotokoll[2] erstellen kann.

 Plan und Protokoll müssen so angelegt sein, dass der **Informantenschutz** gewährleistet ist. Niemals dürfen zufällige Leser oder Strafverfolgungsbehörden etwas mit diesen Daten anfangen können. Bei polizeilichen Ermittlungen oder Strafverfahren muss der Journalist über die Verwendung seiner Daten selbst entscheiden können.

Alles nach Plan

Manche Recherchen verlaufen geradlinig. Alles passt zueinander, jede Handlung fügt neue Fakten hinzu. Der Text, das Drehbuch, das fertige Produkt fordern nur noch den schreibenden Profi. Der Rechercheplan ist eine kleine Liste, ein Erstens, Zweitens und Drittens, das ordentlich abgearbeitet wird.

---

2   Siehe „Protokoll und Archiv" auf Seite 128.

Andere Arbeiten sind fast chaotisch, oft muss man einiges verändern, zwei Schritte zurück oder neue Wege gehen. Manchmal ist sogar das Ende völlig offen, man weiß nicht, ob dieses Material für eine Veröffentlichung reichen wird. Es ist ein anstrengendes Hin und Her, das aber wenigstens zwei Arten von Einträgen fordert:

Fröhliches Chaos

- Fragen, Hypothesen, für das Projekt wichtige Fakten und
- Termine, Meilensteine.

Ohne diese Orientierungsmarken wird man leicht ein Opfer der Zeitfresser. Man geht Irrwege, findet vieles heraus, das anschließend eingemottet wird. Besonders das Internet kann Stunden und Tage stehlen.

Irrwege vermeiden

Um wichtige Interviewtermine halten zu können, muss die Vorabrecherche zeitlich geplant sein. Die schlechteste Lösung wäre es, unvorbereitet das Gespräch zu beginnen – gefolgt von der zweitschlechtesten: Eine Terminverschiebung, weil die Hausarbeiten noch nicht erledigt sind.

Zeit für Vorbereitung des Interviews einplanen

Darüber hinaus wird jeder nach eigenem Gusto Informationen und Plan verwalten, als Adressbuch, Kalender, Datenbank oder Kladde.

Berufsanfänger sollten ihren Rechercheplan nicht zu knapp kalkulieren. Lassen Sie ein bisschen Luft für einen unvorhergesehenen Zeitverlust.

Fragenkatalog

Bloß nicht zuviel Bürokratie. Nicht für jeden Anruf, für jedes Kurzinterview muss man eine Liste mit Fragen notieren. Sie ist aber unverzichtbar, wenn

- das Gespräch etwas umfangreicher wird,
- Fragestrategien oder -folgen vorab zu planen sind,
- das Interview von einem Kollegen geführt werden soll,
- von mehreren ausgewertet werden wird,
- vergleichbare Ergebnisse zwischen den Antworten verschiedener Informanten zu bearbeiten sind oder
- eine Liste dem Gesprächspartner zu übergeben ist.

Einige Interviews nicht ohne schriftlichen Fragenkatalog

Unsere Fragenkataloge enthalten durchnummerierte Stichworte, keine ausformulierten Fragen. So entsteht gar nicht die Versuchung, Fragen abzulesen – eine sterile und kommunikationsfeindliche Praxis.

Liste mit Stichworten

Neben diesen Fragen sind Hinweise notiert, Tipps und Hintergrundinformationen. Einiges ist so geschrieben, dass es ein zufälliger Leser nicht versteht, gekritzelt, Stichwörter, die nur dem Verfasser etwas bedeuten. Wenn das Verhältnis zwischen verfügbarer Zeit und Themen kritisch werden könnte, sind ein oder zwei Uhrzeiten notiert, die signalisieren, wie weit das Gespräch kommen muss, um erfolgreich beendet werden zu können.

Zwei Fragenkataloge

Manchmal nimmt man sogar zwei Fragenkataloge mit oder merkt wenigstens hinterher, dass ein zweites Exemplar sinnvoll gewesen wäre: ein Blatt für den Informanten. Man kann es gut nutzen, wenn

- das Gespräch durch Störungen von außen unvorhergesehen abgebrochen werden muss,
- die Zeit nicht reicht,
- der Befragte sich einer Sache nicht sicher ist und seinerseits noch Informationen einholen will, oder
- der Gesprächspartner ohne Punkt und Komma redet, Selbstdarstellung betreibt und sich nicht unterbrechen lässt.

Fragenkatalog für Informanten

Der Katalog für den Informanten unterscheidet sich von dem des Interviewers, er enthält

- nummerierte und ausformulierte Fragen sowie
- Name, Anschrift, Telefonnummern und E-Mail-Adresse des Rechercheurs.

Bleiben nur wenige ergänzende Fragen, sind Telefon oder E-Mail die einfachsten Wege, unvollendete Recherchegespräche fortzuführen oder unvollständige zu ergänzen. Wenn der Kontakt geknüpft ist und die Verbindung steht, dann ist auch die Technik kein Hindernis mehr.

Gesprächspartner

Informantennetz

Viele pflegen die Kontakte mit einem festen Personenkreis, Journalisten mit Pressesprechern, Funktionären und Politikern, PR-Profis kennen ihre innerbetrieblichen Quellen, Technikredakteure haben einen festen Stamm an Entwicklern und anderen Informanten. Man hat ein Netz geknüpft, das sich über die Jahre erweitert. Die Mehrzahl der Kontakte, kurze Anfragen, oft nur Telefongespräche, sind nicht bedeutend genug, um ein Profil des Gesprächspartners anlegen zu müssen.

Vorbereitung auf den Anderen

Doch es gibt auch die Alternativen: Man kennt sich nicht, die Kontakte sind wichtig, und der Rechercheur muss sich professionell auf die Begegnung vorbereiten. Je mehr er vorab über den Informanten weiß, desto besser ist es. Persönlichkeit, sozialer Status, Wertesystem und viele andere Faktoren[3] können den Erfolg des Interviews beeinflussen. Abhängig von der Bedeutung des Gesprächs investiert man Zeit, um Informationen über den anderen zu beschaffen. Als Quellen bieten sich an:

Quellen

- Archive und Datenbanken,
- Veröffentlichungen,
- Dokumente,
- allgemeine Internetquellen,
- soziale Netzwerke,
- Befragungen sowie
- Kollegen.

An vielen Orten archiviert man Informationen über Personen, eine bekannte Adresse ist Munzinger.[4] Zusätzlich bieten sich Recherchen in Zeitungen und Zeitschriften an. Je bekannter die Zielperson ist, desto schneller lässt sich schon auf diesem Weg ein leidlich aussagefähiges Dossier zusammenstellen.

Archive Datenbanken

Manchmal ist der Weg in die Bibliothek sinnvoll. An welchen Veröffentlichungen hat er mitgewirkt, wer waren die Co-Autoren? Welche Themen hat er bearbeitet? Gab es zeitliche Schwerpunkte, Veränderungen in der Orientierung? Lassen sich aus den Publikationen irgendwelche Schlüsse auf den Gegenstand der Recherche ziehen? Wie sehen die ersten Schritte aus, worüber hat er seine Dissertation geschrieben? Wenn die Zeit reicht, hilft die Fernleihe.

Etwas veröffentlicht?

Wie in Büchern und Aufsätzen gibt Geschriebenes anderer Art gelegentlich weitere Anhaltspunkte: In betrieblichen Recherchen stehen oft Dokumente zur Verfügung, Schriftwechsel, die Auskunft über Autoren geben. Texte zwischen den Zeilen lesen, herausbekommen, welche Schwerpunkte der Verfasser setzt. Langeweile, Humor, geistige Beweglichkeit. Mit Übung gelingt es, hin und wieder brauchbare Hypothesen über den zu erstellen, der an der Tastatur gesessen hat. Wechsel im Satzbau, attraktive Schreibweise und kreativer Wortgebrauch lassen auf einen schließen, mit dem das Interview anstrengend werden könnte. Wahrscheinlich kein Langweiler, der einen mit Standardsprüchen oder Text in Tüten abzuspeisen versuchen wird.

Dokumente

---

3 Siehe „1.4 Temperament und Persönlichkeit" auf Seite 19.
4 http://www.munzinger.de/

Internet   Vieles erfährt man über das Internet. Welche Fotos finde ich? Zu-
fallstreffer, Gestaltung durch einen Dritten oder Aussagekraft
darüber, wie der andere gerne gesehen werden will? Hat er eine
Homepage oder ein Blog, welche Schwerpunkte setzt er dort?
Wie tritt er auf? Großspurig oder eher filigran, strukturiert oder
chaotisch, bunt oder einfarbig? Denkt er an seine Leser oder eher
an sich? Gibt es weitere Orte im Netz, die etwas über ihn berichten, Sportverein oder Pfarrei? Welcher Sport, Darts in der Kneipe
oder Golfer? Taubenzucht oder Reitverein? Genügend Recher-
cheportale stehen für Journalisten zur Verfügung.[5]

Soziale   Eine weitere wichtige Informationsquelle im Internet sind so-
Netzwerke   ziale Netzwerke. Aus Profilen in eher privat orientierten sozialen
Netzwerken lassen sich eventuell wertvolle Informationen able-
sen: Was sind die Hobbys des Gesprächspartners, welche Musik
mag er, welche Bücher liest er? Auf welche Schule ist er gegan-
gen? In eher professionell orientierten Netzwerken finden sich
Informationen zum beruflichen Werdegang, vielleicht sogar zu
Zusatzqualifikationen oder speziellen beruflichen Interessen und
Schwerpunkten. Welche Kontakte finden sich in seinem Profil? In
welchen Gruppen des sozialen Netzwerks engagiert er sich?

Plötzlich outet sich der Manager, über den man sonst kaum etwas im Netz findet, als begeisterter Freizeitpilot in einer Diskussi-
onsrunde. Da nimmt er regelmäßig teil, weil ihn alles rund um die
Fliegerei fasziniert. Vielleicht ein Mosaiksteinchen im Profil, das
der Rechercheur anlegt.

Diese Informationen helfen zum einen weiter, vielleicht um
das Interview mit einer lockeren Plauderei zu Hobbies oder gemeinsamen Bekannten zu beginnen. Zum anderen hilft es aber
auch, den Status des Interviewpartners in seinem Unternehmen
und seine Expertise klarer einzuschätzen.

Nachfragen   Kleine Interviews vor dem großen: Außenstehende befragen,
Informanten, die nichts mit dem Ziel der Recherche zu tun ha-
ben, dafür aber umso mehr über die Zielperson sagen können.
Dabei darf man nicht mit der Tür ins Haus fallen, der eigentliche
Grund des Gesprächs bleibt verborgen – mit einer Ausnahme:
Wenn sich Fraktionierungen zeigen, eine Seite gegen die ande-
re ausgespielt werden will, darf man gelegentlich ohne schlechtes
Gewissen Gebrauch davon machen.

---

5   Eine unvollständige Auswahl an Recherchelinks finden Sie unter:
     http://www.recherche.tr-studium.de

Je gründlicher aber die Kommunikation zwischen Seilschaften und Parteigängern ruiniert ist, desto vorsichtiger muss man sich ihnen nähern und die Reihenfolge der Gesprächspartner überdenken. In solchen Umgebungen – typisch für Sportvereine und Parteifreunde – herrscht Misstrauen. Wer nicht aufpasst, sitzt schnell zwischen sämtlichen Stühlen.

Diese Quellen tragen zu einer Hypothese über den späteren Interviewpartner bei, einer Annahme, die auch bei erfahrenen Interviewern hin und wieder völlig falsch sein mag. Doch obgleich man sich gründlich irren kann, ist es das größere Risiko, blauäugig ins Interview zu starten. Mit etwas Erfahrung gewinnt man im Durchschnitt recht treffende Vorstellungen über Menschen, bevor man ihnen begegnet.

Nur eine Hypothese

Brauchbare Fakten können Redakteure beisteuern, die schon persönlichen Kontakt mit dem Informanten hatten oder etwas über ihn wissen. In Redaktionen kann man sich untereinander über die Eigenheiten der Gesprächspartner informieren, damit die Kollegen wissen, worauf sie sich einstellen müssen. In jedem Beruf, der auf die Informationsbeschaffung über das Gespräch angewiesen ist, wird so verfahren, denn wer sich über den anderen informiert hat, startet von einer guten Ausgangsposition. Wenn es wichtig genug ist, fragt man notfalls in einer anderen Redaktion nach, die „mit der zu befragenden Person bereits in Kontakt gekommen" ist.[6]

Kollegen – oft die beste Quelle

Das sichere und unsichere Wissen über den Informanten ist nicht nur für die Entwicklung des Fragenkatalogs, das Nachdenken über Strategien wichtig. Man trifft womöglich auch auf Menschen, die unangenehm, aggressiv, vielleicht sogar tätlich werden könnten. Wenn zu befürchten ist, dass die Situation eskaliert oder gefährlich zu werden droht, müssen Vorbereitungen getroffen werden, um die persönliche Sicherheit zu gewährleisten: zu zweit hingehen, Ort und Uhrzeit entsprechend wählen.

Selbstschutz

Sonderfall: Pressesprecher

Hat man noch keinen Kontakt zu einer PR-Abteilung oder dem Pressesprecher, dann lässt man sich vorab eine Pressemappe zu-

---

6   Haller, *Das Interview*, S. 202.

schicken oder man besorgt die Presse-Informationen aus dem Internet. Stil und Inhalt solcher Mappen verraten viel über den Verfasser und/oder seine Auftraggeber. Was ist Public Relations für diesen Gesprächspartner?

Partner • Offenes und einigermaßen ehrliches Werben um das Vertrauen der Öffentlichkeit, partnerschaftliches Verhalten gegenüber Journalisten oder

Werber • Produktwerbung.

Solide und zuverlässige Arbeit oder Schaumschlägerei: Pressemappen zeigen überdeutlich, was die Autoren und ihre Auftraggeber unter PR verstehen. Über den Erfolg eines Interviews mit PR-Leuten kann mitentscheiden, ob man die Öffentlichkeitsarbeit richtig eingeschätzt hat.

Angehörige

Direkt und indirekt Betroffene
Ethisch bedenklich, aber vom Publikum und vom Boulevard verlangt: das Witwenschütteln. Dieser despektierliche Ausdruck bezeichnet das „Recherchegespräch" mit den Angehörigen von Opfern, den indirekt Betroffenen einer Straftat oder eines Unglücks. Auch seriöse Journalisten müssen solche Interviews führen, nicht der Sensation wegen, sondern weil sie auf diesem Weg an Informationen gelangen, die eine Recherche erst richtig rund machen. Für das Gespräch mit Menschen, die einen Angehörigen verloren haben, als Opfer oder als zufällig Beteiligte noch unter dem Schock des Erlebten stehen, helfen aber nur wenig Empfehlungen.

Empathie – einfühlendes Zuhören – zeichnet Rechercheure aus, die dieser Aufgabe gewachsen sind. Es lohnt sich, denen über die Schultern zu schauen, die solche Arbeit professionell erledigen: Einige Psychotherapeuten, Ärzte, Feuerwehrleute, Katastrophenschützer und Priester sind darauf geschult.

Gewalterfahrung
„Der durchschnittliche Mensch hat nach einer traumatischen Erfahrung das Bedürfnis, über das Erlebte zu reden. Reden über das Geschehene ist ein Bestandteil von Überlebensstrategien nach Gewalterfahrungen (…). Die Menschen können es verschieden benennen: ,Zeugnis' ablegen, Anklage erheben, Rache nehmen oder die Rettung verherrlichen. Immer aber geschieht Ähnliches. In einer Geschichte werden die Erfahrungen als Tatsachen beschrieben. Es liegt am Zuhörer, die Schrecken empathisch wahrzunehmen und die Emotionen, die unweigerlich auch beim

Erzähler auftreten, aufzufangen und auszuhalten, den Erzähler zu trösten und ihn Solidarität spüren zu lassen. Die Voraussetzung ist allerdings, dass die Zuhörer bereit sind, das Mitteilungsbedürfnis der Opfer wahrzunehmen und die Schrecken mit ihnen zu teilen."[7]

Wer zu diesem Engagement nicht bereit ist, wem es nur auf das Abzocken vermarktbarer Informationen ankommt, der fügt seinem Informanten weiteren Schaden hinzu, wenn ihm dieser nicht die Tür vor der Nase zuschlägt.

Einzelinterview oder Gruppengespräch

Rechercheinterviews mit Gruppen sind selten ergiebig. Man hat oft Ärger damit, dass sich Hackordnungen, Aufschneiderei und Machtkämpfe auswirken. Wer wird schon in Anwesenheit seines Chefs über Probleme am Arbeitsplatz, mit Produkten oder Geschäftsvorgängen reden? Im Einzelinterview kann man mehr von Informanten erfahren.

Gruppen- dynamik

Wenn ein gruppendynamischer Prozess das Gespräch beeinflusst, wird es für den Interviewer sehr schwer, die Störungen herauszufiltern. Da sich nicht jeder traut zu sagen, was er denkt, werden manche die Zusammenkunft als eine unangenehme Pflicht empfinden, mehr noch als das Gespräch von Angesicht zu Angesicht. Meist verplempert man mehr Zeit für weniger Nutzen, wenn man sich in der Recherche auf Gruppentreffen einlässt.

Die Ausnahme sind kleine Teams, zwei bis drei Kollegen, die gut miteinander auskommen und sich nicht gegenseitig mit Imponiergehabe blockieren.

Prima Klima

Betriebliche Gesprächspartner

Recherchegespräche für Betriebszeitungen, Kundenzeitungen und in technischen Redaktionen verlangen häufig, dass der Redakteur zusätzliche Aspekte berücksichtigt. Das Besondere an dieser Situation ist, dass Informant und Interviewer häufig im Auftrag derselben Firma arbeiten.

In diesem Umfeld müssen Redakteure aus mehreren Gründen besonders vorsichtig und rücksichtsvoll handeln:

---

7   Perren-Klingler, *Gewalterfahrungen*, S.11.

1) Man stiehlt manchmal Zeit,
2) betritt womöglich verbotenes Terrain und
3) könnte die betriebliche Position des anderen gefährden.

Diese Faktoren sind nicht auf das rein betriebliche Gespräch beschränkt, man findet sie dort aber häufig und stark ausgeprägt.

Zeit stehlen 1) Die Gesprächspartner sind nicht begeistert von einem Interview. Es reißt sie aus Arbeitsprozessen, die ihnen Spaß bereiten, und bringt sie zusätzlich in Zeitnot. Die für viele ärgerliche Regel ist: Wer in seinem Fach führt, wird gern gestört, weil man von ihm viel erfahren kann. Zugespitzt: Den besten Entwicklern wird die meiste Zeit gestohlen.

In einigen Arbeitsumgebungen empfindet man Interview-Anfragen als lästig und störend. Da solche Projekte aber meist mit Wissen der Geschäftsleitung oder sogar von ihr selbst in Auftrag gegeben wurden, kann der Redakteur sein Anliegen auch der richtigen Adresse rechtzeitig vortragen: Schon vor dem Projektbeginn muss man auf die Interviews hinweisen. Externe Dienstleister – Redaktionsbüros – führen diesen Posten schon im Angebot oder dem Kostenvoranschlag auf: „In den Kalenderwochen x und y sind zwei Interviews über jeweils 90 Minuten mit dem Chefentwickler nötig." Wenn auf Grund dieses Angebots ein Vertrag zwischen der Firma und dem Externen abgeschlossen wurde und in der angegebenen Zeit niemand für das Gespräch zur Verfügung steht, kann der Auftraggeber die Verantwortung für Verzögerungen und zusätzliche Kosten nicht dem Redakteur anlasten.

Nach jeder Störung braucht man Zeit, um sich wieder einzufinden und die unterbrochene Arbeit fortzusetzen. Darauf nehmen gute Rechercheure Rücksicht, sie rufen nicht einfach an oder platzen ins Zimmer hinein: Alles nur mit Voranmeldung über E-Mail und der Gelegenheit zu einer Terminvereinbarung, die Arbeitsabläufe beim anderen berücksichtigt.

Verbotenes Gebiet 2) An so gut wie jedem Schreibtisch gibt es etwas, das der Chef nicht wissen muss. Redakteure, die Fragen stellen, leuchten Bereiche aus, die vielleicht besser im Dunkeln bleiben. Manches davon würde niemandem schaden, es sind nur kleine Tricks, die das Leben und die Arbeit etwas angenehmer machen. Jedenfalls spricht man nicht darüber. Wenn nun einer interviewt, nachfragt „Wie haben Sie …, warum ist …", dann könnte er einiges davon ans Licht zerren.

Gelegentlich verlangen deswegen Recherchen in diesem Bereich sehr viel Aufmerksamkeit für die verborgenen Interessen des Informanten. Oft müssen beide Seiten lange miteinander auskommen, weitere Projekte werden folgen. Ohne Vertrauen geht es nicht, es muss langsam aufgebaut werden. Man kommt nur voran, wenn beide Seiten kooperieren. Tricks und heikle Fragestrategien wirken in solchen Arbeitsumgebungen eher schädlich.

3) Im Gespräch mit Technikredakteuren erklären Entwickler im Detail, wie ein Produkt funktioniert. Manche fürchten, dass sie dabei ihr Wissen preisgeben und sich überflüssig machen könnten. Die intimen Produktkenntnisse sollen als eine Art Kündigungsschutz wirken.

Gefahren für die eigene Position

Diese Situationen sind schwer aufzubrechen; was immer man tut, kann falsch sein. Die Forderungen nach fairem Verhalten gegenüber dem Ingenieur oder Programmierer und nach Loyalität gegenüber dem Auftraggeber, der die Recherche finanziert, drohen in Konflikt miteinander zu geraten.

Die Lösung kann sein, dass man den Informanten gegebenenfalls über das Dilemma informiert: „Meine Redaktion muss diese Dokumente verfassen, wir haben uns vertraglich dazu verpflichtet, das von Ihnen konstruierte Modul detailliert zu dokumentieren. Ohne Ihre Kooperation kommen wir nicht weiter, es wird zu einem Eklat kommen."

Informanten vorbereiten

Hin und wieder muss auch der Gesprächspartner auf das Interview vorbereitet werden. Schon beim Vereinbaren des Termins teilt man ihm einige Details mit und gibt ihm dadurch Gelegenheit, sich thematisch auf das einzustellen, was ihn erwarten wird. Der positive Effekt ist nicht nur, dass Erinnerungen aufgefrischt werden können. Man verhindert so auch abwegige Spekulationen über Sinn und Inhalt der Recherche, die dazu führen könnten, dass sich eine negative Haltung herausbildet, die dem Erfolg des Treffens im Wege steht.

Rechtzeitig sagen, worum es geht

Zeit (Uhrzeit)

Die Uhrzeit richtet sich nach den Vorgaben des Gesprächspartners und danach, ob einer der Teilnehmer eine längere Anreise

Anfahrt berücksichtigen

einplanen muss. Um dem anderen und sich selbst Unannehmlichkeiten zu ersparen, legt sich der Redakteur in diesem Fall Bahn- und Flugverbindungen sowie die Konditionen für Übernachtungen in den favorisierten Hotels zurecht, bevor der Termin vereinbart wird. Bereiten An- und Abreise keine Schwierigkeiten, ist die Wahl der Uhrzeit unproblematisch.

Gesprächs-
dauer planen

Wie viel Zeit das Interview beansprucht, ist schwer vorauszusagen; vom Redakteur wird manchmal dennoch eine klare Aussage über die Gesprächsdauer verlangt. Wir kennen keine bessere Methode, als die Themen zu notieren und jedem seine Zeit zuzuweisen. Führungskräfte geben auch oft den Rahmen vor, an dem sich der Rechercheur orientieren muss: „Mehr als 30 Minuten sind bei mir nicht drin."

Von
bis

Vereinbaren Sie Anfang und Ende des Interviews. Mit Informanten, die Ihnen nur ungern die Zeit einräumen wollen, legen Sie am besten einen Termin fest, der ein deutliches Ende hat. Beispielsweise in Unternehmen von 11 Uhr bis zur Mittagspause um 12 Uhr. Für den anderen ist dann die Pause ein verlässliches Gesprächsende, nach dem er Sie los ist und sich wieder seiner eigentlichen Arbeit widmen kann.

Raum und Ort auswählen / präparieren

Oft die beste
Wahl: Der
Interviewer
bestimmt
den Ort

Der Interviewer ist im Vorteil, wenn er den Ort des Gesprächs bestimmen kann. Auch in betrieblichen Recherchen für Technikredaktion, Mitarbeiterzeitschriften oder andere PR-Projekte ist man gut beraten, diese Möglichkeit zu nutzen.

Kann man den Raum selbst festlegen, müssen Störungen beseitigt werden: Telefonumleitung eingeben oder Stecker herausziehen, eigenes Handy zu Beginn des Interviews demonstrativ ausschalten – in der Hoffnung, dass der Informant sich dem anschließt. Das Schild *Bitte nicht stören* kann Kellner, Kollegen und andere hilfsbereite – in diesem Moment – Plagegeister davon abhalten, einfach in den Raum zu platzen.

Sorgen Sie dafür, dass alle Vorbereitungen getroffen sind, bevor der Gesprächspartner eintrifft. Getränke und Kekse müssen vorher aufgestellt sein. Legen Sie Schreibutensilien bereit, damit der andere sich etwas notieren kann.

Alle Dokumente, die Sie für das Interview benötigen, müssen vorher in den Raum gebracht und so platziert werden, dass sie nicht stören.

Räume, in denen hingegen der Informant das Sagen hat, können die Arbeit des Redakteurs je nach Thema und Gesprächspartner nachteilig oder förderlich beeinflussen:

Beim anderen zu Gast

Negativ: Zu viele Störungen sind möglich, außerdem hilft der gewohnte Raum, Unsicherheiten zu überbrücken, er bietet Ablenkungen und vertraute Deckungen, hinter denen man sich verbergen kann, wenn es brenzlig wird. Der Rechercheur ist Gast; er hat es etwas schwerer, das Gespräch zu führen.

Nachteil

Positiv: Manchem fällt es leichter, in vertrauter Umgebung zu sprechen. Vielleicht stehen dem Befragten hier auch Unterlagen oder anderes zur Verfügung, zusätzliche Materialien, die der Recherche nutzen.

Vorteil

Technik

Die Tonaufzeichnung ist sinnvoll, weil man so weniger übersehen und sich besser auf das Gespräch konzentrieren kann.

Manche Interviewpartner haben aber etwas dagegen. Da ist dann ein bisschen Überzeugungsarbeit nötig. Ein Argument ist, dass lästige Rückfragen, weil etwas nicht richtig notiert wurde, entfallen. In Technikredaktionen und PR-Projekten kann man vereinbaren, dass alle Datenträger oder Bänder bei Projektabschluss ausgehändigt oder gelöscht werden.

Überzeugen

Bei betrieblichen Aufträgen sollte man schon zu Projektbeginn darauf hinweisen, dass Interviews aufgenommen werden. Das erspart lästige Streitgespräche, wenn der Redakteur seine Technik auspackt.

Ohne Einwilligung geht es nicht. Wer das nicht-öffentlich gesprochene Wort verdeckt aufzeichnet, macht sich strafbar.

Um Unsicherheiten zu meiden, kann man vereinbaren, die Aufnahme bei Bedarf zu unterbrechen: „Wenn Sie mir etwas erzählen wollen, das auf keinen Fall aufgenommen werden soll, halte ich die Aufzeichnung an. Geben Sie mir dann ein Zeichen."

Wird die Einwilligung verweigert, muss man notfalls zu zweit anrücken, damit einer protokollieren kann und der andere sich auf die Fragen konzentriert. Weil sich der Kollege vorbereiten muss, kann es sinnvoll sein, den Gesprächspartner rechtzeitig auf die technische Seite des Interviews hinzuweisen.

Notfalls im Doppelpack

Offen zeigen:
Hier wird
interviewt!
In anderen Situationen führt man das Gerät wie selbstverständlich mit und zeigt es offen. Solange niemand widerspricht, entsteht kein Problem. „So, das Gerät ist jetzt eingeschaltet ...", dokumentiert als erster Satz die Zustimmung des Interviewten.

Standard sind gegenwärtig Digitalgeräte mit recht hochwertigen Mikrofonen. „Heute ist es ein kleines digitales Aufnahmegerät, das auf dem Tisch liegt, kaum größer als ein Handy, fähig, auch Gruppengespräche in großen Räumen ohne externes Mikro aufzuzeichnen. Da muss keine Kassette umgedreht oder gewechselt werden, Gigabyte große Speicher ermöglichen stundenlange Aufnahmen in hervorragender Qualität."[8]

Gleich tippen?
Dann den
Kopfhörer nicht
vergessen!
Will der Journalist seinen Text gleich vor Ort in den Laptop tippen – nach einer Pressekonferenz –, kann er sich die Zuneigung der Kollegen über einen mitgebrachten Kopfhörer verdienen. Das Gequäke der Diktiergeräte geht jedem auf die Nerven, der sich auf seine Arbeit konzentrieren will.

Video
Videoaufzeichnungen in der Recherche sind überflüssig, wenn man sie nur zum Speichern des Interviews benötigt. Zu viel Trubel, schlechte Qualität, auch drängt sich die Technik leicht in den Vordergrund und lenkt ab.

Allerdings kommt man um das Video nicht herum, wenn – wie das häufig in der Technikredaktion des Sondermaschinenbaus geschieht – komplexe Funktionsabläufe durchgespielt werden müssen. Einige Technikredakteure haben daraus eine Tugend gemacht und zeichnen **jedes** Recherchegespräch mit einer Videokamera auf, unabhängig vom Produkt.

Materialien

Während Recherchegesprächen für Betriebszeitungen oder Auftragspublikationen wird oft über den gegenwärtigen Stand eines Projekts gesprochen, vielleicht auch über Schriftstücke, die noch im Archiv lagern. Arbeiten über Produkte, Neubauten und andere Entwicklungen verlangen gelegentlich, dass auch der Gesprächspartner etwas mitbringt: Modelle oder Prototypen, die diskutiert und begutachtet werden können.

---

8   In Dresing, Pehl, *Praxisbuch,* S. 3. Dieses Buch führt in die Technik und die Verschriftlichung (Transkription) des Aufgenommenen ein.

In solchen Umgebungen müssen sich also alle Beteiligten auf das Treffen vorbereiten. Fragen Sie Ihren Gesprächspartner, ob er Ihnen Material vorab zuschicken oder übergeben kann, wenn Sie das Gespräch mit ihm vereinbaren. Bitten Sie ihn auf jeden Fall, seine eigenen Unterlagen und Materialien zum Gespräch vorzubereiten.

Material vorab austauschen?

Oft sind Texte und Grafiken der Auftraggeber nicht besonders attraktiv, manchmal sehen sie geradezu unordentlich aus. Wenn es nicht unangemessen viel Zeit kostet, lohnt es sich, den einen oder anderen Vorgang zu veranschaulichen, vielleicht eine ordentliche Grafik anzulegen oder einige Folien anzufertigen. Wenn es gefällt, machen Sie damit Pluspunkte. Mit wenig Einsatz kann man so leicht einen Partner für die Informationsbeschaffung gewinnen!
Bringen Sie selbst auch alte Dokumente, Skizzen oder Entwürfe mit: „Wir haben hier in früheren Ausgaben geschrieben, dass ... Ist das so in Ordnung, könnte ich das übernehmen?"

4.2 Durchführen

Sitzordnung

Wie man sich hinsetzt, beeinflusst das Klima des Gesprächs. Direkt gegenüber, Auge in Auge: die konfrontative Form des Sitzens. So zeigt man, wer Herr im Ring ist.

Konfrontation

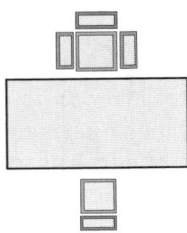

Konfrontativ: Einer hat das Sagen.

Diese frostige und für Interviews ungeeignete Sitzordnung ist eine gute und nicht einmal unhöfliche Wahl, wenn die Zeit knapp ist und man dem Gegenüber ein deutliches Signal setzen will: Lange darf es nicht dauern.

Kooperation Das Recherchegespräch braucht eine andere Sitzordnung: ein Nebeneinander, in dem die Gesprächspartner einander freundlich zugewandt sind. Beide sitzen sich nah, ohne sich zu bedrängen oder einen in den Vordergrund zu rücken.

Wenn sich nur zwei Personen begegnen, ist die Dreiecksform der Möbel ideal. Zwei Sitzgelegenheiten, leicht gegeneinander gerichtet, geben die Möglichkeit, eine kooperative Gesprächshaltung einzunehmen, wie sie zwischen Gleichberechtigten üblich ist. Ist diese Sitzordnung nicht möglich, setzen sich beide an eine Ecke eines rechteckigen Tisches.

Keine Dominanz

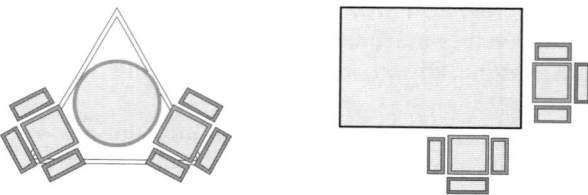

Dreieck oder über Eck

Sind mehr Leute beteiligt, setzt man sich um einen runden Tisch. Geeignet ist ebenso ein Konferenz- oder Schulmöbel: der Trapeztisch. Richtig kombiniert gewährt er allen Sitzenden die gleiche Arbeitsfläche.

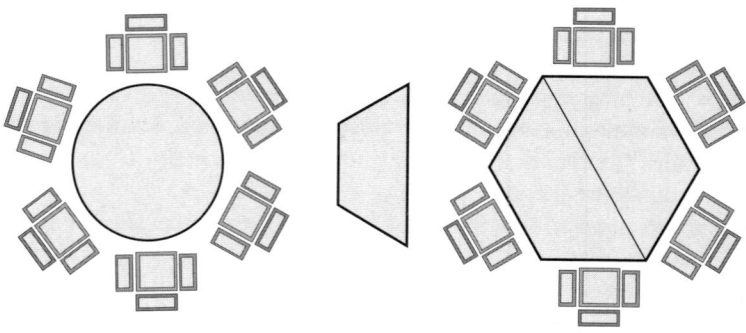

Runder Tisch, Trapezform, Konferenztisch aus Trapeztischen

Anfang und Ende

Wenn Sie sich noch nicht persönlich bekannt sind, stellen Sie sich (Visitenkarte) und gegebenenfalls Ihre Redaktion oder das Projekt vor. Findet das Gespräch in Räumen statt, die dem Interviewpartner fremd sind, geben Sie ihm die Gelegenheit, sich zu akklimatisieren. Fragen Sie beispielsweise, wie die Anreise war, ob der Informant das Büro leicht finden konnte.
Atmosphäre herstellen

Wenn Sie bei der Vereinbarung des Gesprächstermins noch nichts über die Dauer sagen konnten, bestimmen Sie gleich zu Beginn, wie viel Zeit Sie nach Ihrer Meinung benötigen oder wie viel Zeit Ihnen zur Verfügung steht. Jetzt ist auch die letzte Gelegenheit, auf das Aufzeichnungsgerät hinzuweisen.

Ist der Redakteur zu Gast beim Gesprächspartner, wird schon der Beginn des Interviews schwierig, denn die Rolle des Gastes verträgt sich nur schwer mit der Rolle des Gesprächsleiters. Der Interviewpartner will die Räumlichkeiten vorstellen und führt den Interviewer in die Situation ein.

Irgendwann muss der Rechercheur dann die Rolle des Gastes ablegen und den Ton angeben. Wird ein Aufzeichnungsgerät eingesetzt, kann die Technik als Auslöser genutzt werden: „Unmittelbar vor Beginn des Interviews findet nun der Rollenwechsel statt, der Journalist hat in die Offensive zu gehen. Es empfiehlt sich, diesen Rollenwechsel eindeutig, am besten durch ein Ritual zu markieren. Am plausibelsten geschieht dies über die Sitzordnung: (...) Nachdem vielleicht der Gastgeber den Ort (den Tisch) bezeichnet hat, an dem das Interview stattfinden soll, übernimmt der Interviewer unter Angabe technischer Gründe (Mikrofon, Lichteinfall, Sprechrichtung, Steckdosen usw.) demonstrativ die Sitzplatz-Zuweisung." [9]
Der Interviewer als Gast übernimmt

Dann geht es los. Wenn es sich vermeiden lässt, sollte in der Startphase nichts angesprochen werden, das einen negativen Beigeschmack hat. Der Informant muss sofort erfahren, dass es keinen Anlass zur Besorgnis gibt.
Zu Beginn Positives

Schon mit der ersten Frage stellt der Interviewer die Weichen in Richtung Erfolg oder Scheitern:

„Die erste Frage muss einfach und spontan beantwortbar sein. [... Sie] sollte nach Möglichkeit eine offene Frage sein, damit sofort begonnen wird, Äußerungshemmungen abzubauen. (...) Die
Start mit einer offenen Frage

---

9   Haller, *Das Interview*, S. 241 und 243.

erste Antwort des Befragten, gleichgültig wie sie ausfällt, muss positiv bestätigt werden."[10] Das eigentliche Interview fängt also immer mit einer offenen Frage an, um den Informanten an die Situation zu gewöhnen und zum Sprechen zu bringen. In dieser Phase des Recherchegesprächs gewinnen Sie den anderen für eine kooperative Kommunikation und überwinden mögliche Hürden, die dem Erfolg des Interviews im Wege stehen: Unsicherheit, Angst, Zweifel am Sinn des Gesprächs usw. Je mehr Fragen beantwortet werden, desto größer ist das Interesse des anderen am Erfolg des Gesprächs.

Opfer, Angehörige

Im Unterschied dazu fordern Interviews nach Unfällen und Schicksalsschlägen, dass der Journalist sein aufrichtiges Mitgefühl in Verhalten und Wortwahl zeigt.

Nach der Startphase hilft keine Regel, der Interviewer muss spontan auf die Situation und die Antworten reagieren. Neben den jederzeit möglichen Gesprächsstörungen[11] sind dann die größten Feinde eines Erfolgs

• die Mängel in der Vorbereitung und
• das Auftauchen unvorhersehbarer Aspekte, die alle Planung – vor allem der Zeit – über den Haufen werfen.

Falls es länger dauern muss, als geplant und mit dem anderen abgesprochen war, sollte man die Karten auf den Tisch legen: In der vereinbarten Zeit werden wir nicht fertig. Wenn man Glück hat, nimmt es der Informant nicht so genau oder er ist selber daran interessiert, dass alles auf der Stelle geklärt wird. Dafür nimmt er in Kauf, dass es heute etwas länger dauert. Andernfalls bleibt keine andere Lösung, als eine Fortsetzung zu vereinbaren.

Wir haben ein Problem ...

Wer trägt die Verantwortung dafür, dass weitere Gespräche nötig sind? Bei Auftragsarbeiten entscheidet die Antwort auf diese Frage, wer für das Folgeinterview bezahlen muss.

Zu guter Letzt

Gehen Sie nach einem Interview niemals auseinander, ohne danach zu fragen, ob

---

10 Gutjahr, *Psychologie des Interviews*, S. 25 f.
11 Siehe „Störungen" auf Seite 151.

- etwas zum Thema vergessen wurde,
- der Informant der Auffassung ist, dass alle wichtigen Punkte darüber hinaus angesprochen wurden.

Fragen Sie ihn gegebenenfalls, wann und wie man ein weiteres Gespräch vereinbaren könne. Erkundigen Sie sich, wie Nachfragen gehandhabt werden sollen. Telefon / Chat oder E-Mail? Briefe übers Netz haben den Vorteil, dass man sie lesen kann, wenn Zeit zur Verfügung steht. Außerdem kann man sie als Datei speichern und später nutzen. Ihr Nachteil ist, dass Rückfragen aufwändiger werden, weil das **spontane** Nachfragen oder Berichtigen Telefongesprächen und Chats vorbehalten bleibt. *Irgendetwas übersehen?*

Das Gesprächsende ist die letzte Gelegenheit, die Visitenkarte zu übergeben.

Am Fließband

Wie geht man vor, wenn viele Interviews nacheinander zu führen sind? Massenentlassungen, schwere Unfälle und vergleichbare zutiefst aufregende Ereignisse lassen oft viele Gespräche in schneller Abfolge führen. Die Informanten werden ihre Eindrücke schildern, sind aufgeregt, verärgert, besorgt oder sonstwie emotional aufgewühlt. *Negative Ereignisse*

Begegnungen dieser Art entwickeln Nebenwirkungen:

1. Die Konzentrationsfähigkeit des Rechercheurs sinkt, und
2. von den Nöten und der Verzweiflung einiger Gesprächspartner wird etwas an ihm haften bleiben.

Was die ersten Interviews zutage fördern, ist längst nicht verdaut, wenn der nächste vors Mikrofon kommt. Aufmerksamkeit und eine einigermaßen ergiebige Gesprächsatmosphäre sind dann pure Illusion. *Die Not wirkt nach*

In solchen Fällen stimmt kaum etwas von dem, das hier über die Durchführung eines Interviews gesagt wird. Keine Planung, kaum Vorbereitung, dürftige Fragenkataloge. Dafür Weinen, Aufregung und Verzweiflung, die den Rechercheur selbst belasten. Manchem hilft es da, eine starre Handlungsabfolge einzuhalten und so der aufkommenden eigenen Panik zu trotzen. *Fast alles improvisiert*

Die Empfehlung eines Mediziners aus seinem Alltag: „Nach meiner Erfahrung ist es auch hilfreich, etwas zu tun, was zwischen zwei Patientenkontakten liegt. Dieses ‚etwas' bekommt so die

Funktion eines Puffers zwischen zwei Kontakten."[12] Beim Arzt: Die Akte schließen, Verabschiedung des Patienten, vielleicht eine kurze Unterhaltung mit der Sprechstundenhilfe. Der Übergang von einem Gespräch zum nächsten ist ritualisiert. Wenn das Procedere beendet wurde, ist der Kopf für den nächsten Patienten frei.

Den Übergang ritualisieren

Vieles ist für den Rechercheur denkbar, das als Ritual diese Funktion erfüllt: Unterlagen ordnen, Band wechseln und beschriften, dazu einen Kaffee, die Zigarette ... Wichtig ist der saubere – auch innerlich vollzogene – **Abschluss eines Gesprächs,** bevor das nächste beginnt.

4.3 Nachbereiten

Sofort auswerten

Das Recherchegespräch muss sofort im Anschluss an das Treffen schriftlich ausgewertet werden. Für jedes Thema des Fragenkatalogs haben Sie Antworten erhalten, die jetzt weiterverarbeitet werden können. Vielleicht ist auch ein Bedarf an weiteren Informationen entstanden, die aus anderen Quellen beschafft werden müssen.

Oft sind Folgeinterviews nötig. Entweder haben neue Erkenntnisse neue Informationslücken zu Tage gefördert, oder man hat etwas über neue Quellen erfahren. Arbeitet der andere gerade an einem längeren Projekt, wird man einen neuen Termin nach einiger Zeit vereinbaren.

Ist ein zweites umfangreiches Interview nötig, wird man Ihnen sehr wahrscheinlich zur Verfügung stehen, wenn Sie sich im ersten Gespräch als gut vorbereiteter, rücksichtsvoller, zuverlässiger und vertrauenswürdiger Partner bewähren konnten.

Protokoll und Archiv

Wer mehrere Projekte auf dem Schreibtisch hat, muss vorsorgen, damit Teilergebnisse nicht verloren gehen. Dabei helfen die Protokolle und ein Archiv.

---

12 Ripke, *Patient*, S. 12.

Rechercheprotokolle dokumentieren Hypothesen, alle Erkenntnisse und Widersprüche, die sich während der Arbeit ergeben, Dokumente, Dateien, Grafiken, Fotos und Fundstellen sowie Interviewergebnisse. Auch wenn das Material für dieses Projekt nicht nützlich sein mag und die Recherche einen Irrweg genommen hat, kann es später bedeutend sein. Das zunächst nichtssagende Interview mit dem Nachbarn eines Gewaltopfers wird zur Sensation, wenn sich später herausstellt, dass ausgerechnet dieser Informant der Täter war.

Protokoll

Auch in Jahren kann das Rechercheprotokoll eines Projektes Geld wert sein. Man kann sich spezialisieren, ähnliche Themen aufgreifen und mit geringerem und besser dosiertem Einsatz zu guten Ergebnissen gelangen.

Recherchen in PR-Abteilungen und Technikredaktionen muss man dokumentieren. Andernfalls wäre zum Projektende nicht mehr transparent, wie Ergebnisse – auch Fehler – entstanden sind und zu welchen Kosten. Wenn die Gesprächspartner in einem Betrieb nicht kooperativ sind, die Mitarbeit verweigern oder falsche Auskünfte erteilen, muss der Redakteur belegen können, dass die nötigen Mehraufwendungen nicht ihm anzulasten sind. Hat der Auftraggeber das Arbeitsergebnis freigegeben und die letzte Rechnung bezahlt, kann man ihm entsprechend den vertraglichen Vereinbarungen alle Zwischenergebnisse, Protokolle und Aufzeichnungen aushändigen.

Auftragsarbeiten

Hängeordner oder Kartons mit Stapelbildung: Profiautoren haben wohl meist ein mehr oder weniger selbstgestricktes System, das sie niemals freiwillig aufgeben würden. Wenigstens zwei Ratschläge seien gestattet:

1. Ein Archiv muss mindestens so beschaffen sein, dass Unbefugte nur mit erheblicher krimineller Energie Einsicht in das Material nehmen können. Je übler die Konsequenzen für die Informanten sein könnten, desto sicherer müssen Teilergebnisse und alles, das persönlich zugeordnet werden könnte, gelagert, nötigenfalls versteckt werden. In besonders kritischen Fällen geht es nicht ohne den Rat eines Rechtsanwalts.

Archiv

2. Auch weniger kritisches Material kann zerstört werden, Festplatten geben den Geist auf, Unbefugte könnten absichtlich (Viren/Sabotage) oder versehentlich Daten löschen. Eine einigermaßen überschaubare Systematik für das Backup und die doppelte Datenhaltung beugen den ärgerlichsten Verlusten vor.

Wenn Sie elektronische Medien nutzen, verwenden Sie Verfahren, die mit berechtigter Hoffnung auch in einigen Jahren noch zu lesen sind – beispielsweise XML oder PDF. In produktbegleitender Literatur sind das zehn, manchmal auch dreißig Jahre – Luftfahrt, Rüstungsindustrie … – nach dem Ende des In-Verkehr-Bringens.

 ## Zusammenfassung

Der Erfolg jedes Recherchegesprächs hängt davon ab, wie gut man es vorbereitet. Inhalt, Ort, Zeit, Technik: Alles muss stimmen. Den größten Aufwand in der Vorbereitung verschlingen oft die Informationsbeschaffung und das Sich-Einstellen auf den Gesprächspartner. Er ist die Figur, auf die es ankommt. Es wäre ein Fehler, würde man diesen Aspekt vernachlässigen.

Während des Gesprächs spielen die richtige Sitzordnung und eine gute Atmosphäre eine wichtige Rolle. Ein guter Fragenkatalog mit Fragen, Tipps und Hintergrundinformationen hilft, auch schwierigere Interviews zu überstehen. Und schließlich darf ein guter Redakteur die Nachbereitung nicht vergessen: Interviewergebnisse schriftlich festhalten, Materialien sichern und systematisch ablegen. Nur so kann man später seine Arbeit gegenüber Auftraggebern sauber belegen oder die Archivmaterialien in zukünftigen Projekten wiederverwenden.

5 Interviews über Draht und Papier

Vielleicht finden die meisten Recherchegespräche am Telefon statt. Kurze Anrufe und Nachfragen, für die sich ein Besuch nicht lohnt, sind völlig unspektakulär, man nennt sie nicht einmal Interview, obgleich sie in diese Kategorie gehören. Schwieriger einzuschätzen sind längere Befragungen, die wegen der zu hohen Reisekosten über Draht geführt werden müssen. Aber in Zeiten von Sparmaßnahmen sind Redakteure immer mehr angehalten, auf das Telefon zurückzugreifen.

Neben dem Telefon stehen dem Redakteur viele weitere Kommunikationsmedien für Interviews in der Recherche zur Verfügung, zum Beispiel Web-Konferenz, Videokonferenz, Instant Messaging oder E-Mail. Alle diese Medien haben ihre Stärken, bedürfen aber auch einer speziellen Vorbereitung und Durchführung des Interviews. Die schriftliche Befragung ist ein Sonderfall, den einige Redaktionen gelegentlich bewältigen müssen.

5.1 Womit kommunizieren?

Über welches Kommunikationsmedium tauscht man sich am besten mit dem Interviewpartner aus? Die Frage klingt trivial, ist es aber keineswegs. Das Medium beeinflusst den Verlauf des Interviews, und an die Vorlieben des Interviewpartners sollte man auch denken.

Das Telefoninterview ist nur mit Informanten sinnvoll, die sich kooperativ verhalten und der Recherche nicht ablehnend gegenüberstehen. Ähnliches gilt auch für Videokonferenz und Web-Konferenz.

Was steht zur Verfügung, um mit einem Interviewpartner zu sprechen, der vielleicht am anderen Ende des Globus sitzt? Da wären:

Allgegenwärtig

- **Telefon:** der Klassiker – (fast) immer verfügbar und ohne weitere Technik einfach einzusetzen.

Die Kamera im Laptop

- **Videokonferenz:** Dabei macht man es sich vor dem Computermonitor oder Fernsehbildschirm bequem. Dank entsprechender Technik sieht man dem Gesprächspartner auf dem Bildschirm ins Auge. Vor einigen Jahren war eine Videokonferenz noch das Privileg technisch gut ausgestatteter Redaktionen und Wirtschaftsunternehmen, die eigens eingerichtete Räume für Videokonferenzen hatten. Heute ist dank Webcams und einer Vielzahl auch kostenloser Computerprogramme eine Videokonferenz weit einfacher und kostengünstiger einzurichten.

Online-Meeting, typisch: Headset mit Mikrofon, gemeinsames Ansehen von Dokumenten

- **Web-Konferenz:** die reine Computervariante der Videokonferenz. Der Redakteur und sein Interviewpartner starten eine spezielle Software, die es nicht nur erlaubt, eine Webcam laufen zu lassen, sondern auch eigene Bildschirminhalte auf dem Monitor des Gesprächspartners anzuzeigen. Das ist besonders vorteilhaft, wenn man gemeinsam Dokumente ansehen möchte. Technische Redakteure in betrieblichen Zusammenhängen besprechen über diesen Weg neu entwickelte Software mit ihren Entwicklern. Nicht immer sieht man seinen Gesprächspartner hier per Webcam, man kann auch schlicht gemeinsam einen Bildschirm betrachten und dabei noch über das Telefon kommunizieren.

Briefe übers Netz

- **E-Mail:** eigentlich kein klassisches Medium für Interviews, aber nützlich und schnell für den ersten Kontakt, das Versenden von Fragebögen und eventuelle spätere Nachfragen.

Kurzer Nachrichtenaustausch

- **Instant Messaging oder Chatting:** Austausch per Textnachrichten. Da viele Computerbenutzer ein oder mehrere Messaging-Programme nutzen, ist das eine mögliche Alternative zu Telefongespräch oder Videokonferenz. Instant Messaging ist kein optimales Medium für die meisten Interviews, aber ein praktisches und unaufdringliches Medium für Nachfragen. Und die Kontaktliste eines Instant-Messaging-Programms verrät dem Redakteur auch noch, ob sein Interviewpartner gerade online ist und damit erreichbar am Schreibtisch sitzt.

Welches Medium wählen?

Bevor der Redakteur eine Entscheidung über das zu nutzende Medium trifft, sollte er berücksichtigen:

- Welches Medium ist für das Interview am besten geeignet?

- Gibt es eventuell sogar institutionelle oder organisatorische Vorgaben, welches Medium wünschenswert ist?
- Hat der Interviewpartner eigene Präferenzen?

In der Sozialpsychologie klassifizieren Theorien der rationalen Medienwahl Kommunikationsmedien nach folgenden Kriterien:[1]

- Soziale Präsenz: Wie viel persönliche Nähe zwischen den Gesprächspartnern ist während der Kommunikation möglich? Können sich die Gesprächspartner in die Augen sehen? Wie lebendig kann die Kommunikation werden?
- Mediale Reichhaltigkeit: Wie komplex sind die Informationen, die mit dem Kommunikationsmedium vermittelt werden? Nur Text, oder auch Tonfall oder Gestik und Mimik? Kann der Redakteur den Gesprächspartner sehen und hören? Stellen solche Zusatzinformationen zum reinen Wort sicher, dass keine Missverständnisse entstehen? Lenken solche Zusatzinformationen eher ab?
- Backchannel-Feedback: Wie viele Kanäle stehen zur Verfügung, mit denen die Gesprächspartner sich gegenseitig Rückmeldung geben können, dass sie der Unterhaltung folgen können?

So bietet ein persönliches Gespräch von Angesicht zu Angesicht die maximale soziale Präsenz, mediale Reichhaltigkeit und viele Möglichkeiten, dem Gesprächspartner Feedback zu geben. E-Mail dagegen beschränkt sich auf reinen Text. Tonfall und Gestik fehlen, auch wenn viele E-Mail-Schreiber dies gerne rudimentär durch beliebte Emoticons versuchen zu kompensieren :-) Missverständnisse können so schneller entstehen, und wer erinnert sich nicht an einen immer heftiger werdenden E-Mail-Verkehr, in dem wenigstens ein Gesprächspartner etwas missverstanden hat? `Maximale Präsenz`

In Videokonferenzen, Web-Konferenzen und Telefoninterviews hört man zumindest die Stimme des Gesprächspartners und kann Rückschlüsse aus dem Tonfall ziehen. Im Gegensatz zu E-Mail kann man per Telefon sofort signalisieren, wenn man eine Frage nicht versteht und unmittelbar eine Antwort erhalten. Trotz besten Voraussetzungen für Feedback ist ein persönliches Gespräch nicht immer der Königsweg für ein Interview. Manchmal will man nur eine kurze Auskunft von einem Interviewpartner, den man schon kennt – dann ist vielleicht eine E-Mail effizienter als ein persönliches Gespräch, das mehr Zeit kostet. `Tonfall und Gestik wichtig`

---

1   Döring, *Sozialpsychologie,* S. 131-135.

Welches
Medium
für welche
Aufgabe?
Die folgende Tabelle liefert liefert eine gute Übersicht, welches Medium für welche Kommunikationsaufgabe in der Recherche besonders geeignet ist:[2]

Kommunikationsmedium	Kommunikationsaufgabe
Persönliches Gespräch	1. Kennenlernen 2. Fragen stellen 3. Streiten 4. Vertraulich informieren
Telefon	1. Fragen stellen 2. In Verbindung bleiben 3. Schnell informieren
Web-Konferenz	1. Fragen stellen 2. Ausführlich informieren
Videokonferenz	1. Fragen stellen 2. Kennenlernen 3. Informieren
E-Mail	1. Fragen stellen 2. In Verbindung bleiben 3. Schnell informieren
Instant Messaging	1. Schnell informieren 2. In Verbindung bleiben

Ein Beispiel aus dem Alltag einer Technikredaktion:

Kommunikations- medium	Vorteile	Nachteile
Telefon	• Direkte Nachfragen möglich • Leichterer Aufbau eines persönlichen Verhältnisses • Auch spontan möglich	• Sprachbarrieren höher als bei schriftlicher Kommunikation • Gesprächspartner muss verfügbar sein • Unvorteilhaft bei unsicherem Partner

---

2 Übernommen und angepasst nach Döring, *Sozialpsychologie*, S. 135.

Kommunikations-medium	Vorteile	Nachteile
Web-Konferenz	• Wie bei Telefonat • Zusätzlich: Softwaredemos und Anzeigen von Dokumenten möglich	• Spezialsoftware und eventuell Vertrag bei einem Anbieter erforderlich • Einarbeitung in die Spezialsoftware nötig
Videokonferenz	• Wie bei Web-Konferenz; • Zusätzlich: Blickkontakt	• Technische Infrastruktur erforderlich, zumindest Webcam
E-Mail	• Beantwortung vom Experten selbst bestimmt • Kostengünstig	• Anonymer als Gespräch • Keine sofortigen Antworten wie im Gespräch • Unklare Antworten erfordern erneute Nachfrage
Instant Messaging	• Nützlich für schnelle Nachfragen • Statusanzeige der Software ermöglicht schnelle Prüfung, ob Partner ansprechbar • Schneller als Anruf oder E-Mail	• Nicht für komplexe Diskussionen geeignet • Datenaustausch eventuell unsicher

Die Wahl des Kommunikationsmediums ist aber nicht nur durch rein rationale Kriterien gesteuert. Manchmal steht der Redakteur institutionellen Vorgaben gegenüber: „Telefoninterviews machen wir prinzipiell nicht."

Oder der Informant hat persönliche Präferenzen. Einem Interviewpartner, der E-Mail eher selten nutzt, wird man Nachfragen sicher nicht per E-Mail zuschicken. Jemand, der ständig über E-Mail kommuniziert, wird es dagegen vielleicht umständlich finden, wenn man ihm ständig Nachrichten auf dem Anrufbeantworter hinterlässt, statt eine kurze Mail zu schreiben. Es lohnt sich deshalb in der Vorbereitungsphase, ausdrücklich nach Vorgaben und persönlichen Vorlieben zu fragen. Auch beim Austausch von Telefonnummern oder E-Mail-Adressen ist es wichtig zu fragen, welches Kommunikationsmedium der Interviewpartner für Rückfragen bevorzugt.

Welches Medium nutzen Sie am liebsten?

Doch mit der Wahl des optimalen Mediums ist es nicht getan. Danach muss der Redakteur die Vorbereitung und Durchführung gründlich durchdenken, denn häufige Stolpersteine bei dieser Art der Interviews sind

* schlechte Vorbereitung,
* unpassende Kommunikationsstrategie,
* ungünstige Zeit- und / oder Terminwahl,
* mangelnde Nachbearbeitung.

5.2 Interviews über Draht vorbereiten

Jede Interviewform ernst nehmen

Weil man so häufig telefoniert, manche fast ständig an der Strippe hängen, nimmt man das Telefon nicht ernst genug. Auch Videokonferenz und Instant Messaging ist für viele alltägliches Werkzeug. Man verzichtet auf den Fragenkatalog, denkt zu wenig über die Strategie nach und startet aufs Geratewohl.

Misslungenes Telefonat = Vertane Chance

Ein Fehler, der kaum zu beheben ist. Im Gespräch von Angesicht zu Angesicht lassen sich Missverständnisse noch beseitigen. Jedoch fällt im Gespräch mit einem Fremden über eine geographische Distanz trotz ausgefeilter technischer Hilfsmittel oft schnell die Klappe. Korrekturen sind kaum möglich, die Chance ist vertan, ein zweiter Anlauf erübrigt sich.

Den Nachteil des Telefoninterviews und vieler Web-Konferenzen, dass man den anderen nicht sieht, wenden geschickte Interviewer zu ihrem Vorteil – ein bisschen wenigstens. Sie legen alles auf dem Tisch aus, das für dieses Gespräch von Bedeutung ist, oder haben ihren Fragenkatalog auf ihrem Laptop parat. Schließlich ist auch der Interviewer unsichtbar, er kann es sich so einfach wie möglich machen.

Die Unsichtbarkeit des Rechercheurs darf diesen nicht dazu verleiten, das Gespräch ohne Wissen des Angerufenen aufzuzeichnen. Ein solcher Mitschnitt ist auch am Telefon und Computer strafbar, wenn der Gesprächspartner nicht ausdrücklich zustimmt.

Ein kurzer Fragenkatalog kostet nichts. Verzichten Sie nicht auf dieses Hilfsmittel.

Fragenkatalog

Interview am Arbeitsplatz: Datum und Uhrzeit

Dass man niemanden aus dem Schlaf reißt, Sonn- und Feiertage respektiert, leuchtet sofort ein. Bei Interviews am Arbeitsplatz aber lässt mancher jede Vorsicht fahren, obgleich die Störung sich dort ebenso negativ auf das Gespräch auswirken kann wie im privaten Bereich.

Über die Uhrzeit muss man nicht nachdenken, wenn tagesaktuell zu reagieren ist, eine Meldung über den Ticker kommt, oder man auf anderem Weg eine Neuigkeit erfährt, die sofortiges Reagieren verlangt. Oft ist in solchen Fällen das Problem, dass nur wenige Auskunft geben können, deren Telefonleitungen dafür unentwegt besetzt sind und deren E-Mail-Posteingänge rasch vollaufen.

Katastrophen-meldung

Am Telefon sind Uhrzeit und Datum noch heikler als bei persönlichen Begegnungen. Wer stört, wird abgewimmelt. Ein Anruf zur falschen Zeit kann kontraproduktiv werden. Ob man anruft und mit der Tür ins Haus fällt oder nur einen Gesprächstermin vereinbaren will: Vorher genau überlegen, welche Termine passen.

Falsche Zeit: Schnelles Ende des Telefonats

Wann

- geht es mit Sicherheit nicht,
- könnte ein Gespräch stattfinden oder
- sind die Chancen am besten?

Die richtige Zeit herausfinden

Soweit möglich prüft man den täglichen und wöchentlichen Rhythmus des anderen – Pausenzeiten, Besprechungen und andere wiederkehrende Termine –, berücksichtigt besondere Belastungen – Monatsendabrechnungen, Messen und andere Veranstaltungen – und filtert so die Zeitfenster heraus, zu denen ein Interview am besten stattfinden kann. Zu Beginn empfiehlt sich die Frage, ob es „jetzt passt" oder wann ein günstigerer Zeitpunkt wäre.

Büro oder
Wohnung

Die Alternative, ein Telefongespräch oder eine Videokonferenz abends in der Wohnung, muss genau überlegt sein. Dafür spricht, dass der Informant keine Mithörer im Betrieb fürchten muss und vermutlich ausreichend Zeit hat. Dagegen steht, dass viele die Freizeit nicht mit Ärger der Arbeit vergiften wollen.

Auch muss geklärt werden, welche technischen Möglichkeiten der Interviewpartner zu Hause hat. Ist die Video- oder Web-Konferenz noch machbar, oder hat der Interviewpartner die passende Software vielleicht nur im Büro installiert?

Checkliste zur Vorbereitung

Datum und Zeit

- Sind Datum und Zeit rechtzeitig festgelegt?
- Sind Feiertage, Zeitverschiebung, Mittagszeiten und Arbeitsschluss beachtet?
- Sind Zeitpuffer vor und nach dem Gespräch eingeplant, z.B. für den Aufruf der Web-Konferenz?

Technik

- Ist eine Telefonkonferenz angemeldet oder eingerichtet?
- Verfügen alle Teilnehmer über die nötige Software?
- Ist eine Webcam erforderlich und verfügbar?

Materialien

- Sind notwendige Dokumente für die Web-Konferenz leicht zugreifbar?
- Sind Fragen oder ein Interviewleitfaden griffbereit oder vorab verschickt?

Telefonnummern

- Haben alle Teilnehmer internationale Telefonnummern mit vollständiger Vorwahl erhalten?

5.3 Interviews über Draht durchführen

Telefoninterview, Web-Konferenz und Videokonferenz verlaufen anders als ein persönliches Gespräch vor Ort mit dem Informanten. Deshalb sollte man ein paar Ratschläge zu Besonderheiten der Durchführung beherzigen.

Kommunikationsstrategie

Beim Telefonat, bei der Video- und der Web-Konferenz gibt es oft keine Aufwärmphase, oder man muss nach einer sehr knap-

pen Plauderei schnell zur Sache kommen. Es beginnt mit einer
für den anderen verständlichen Vorstellung:
- Deutlich reden, lieber etwas zu langsam als zu schnell.
- Kurze Sätze nutzen, keine komplizierten Konstruktionen aus
  Haupt- und Nebensätzen.
- Auf Fremdwörter und Fachausdrücke verzichten, wenn sie am
  anderen Ende der Leitung missverstanden werden könnten.

Ich arbeite nicht an einer Recherche, sondern „ich schreibe
für …," vielleicht „einen Artikel".

Für einigermaßen anspruchsvolle Fragestrategien sind das Fern-
gespräch und auch die Web-Konferenz nur eingeschränkt geeignet. Kennt man den Interviewpartner oder ist dieser genau wie
man selbst ein routinierter Nutzer von Video- und Web-Konferenz, dürfte das Interview kein Problem werden.

Fragestrategien kaum nutzbar

Aufzeichnungen

Ein Vorteil der Nutzung neuer Medien ist die Möglichkeit, einfach zu protokollieren und mitzuschneiden. Für Web-Konferenzen und Instant Messaging bietet die entsprechende Software
Möglichkeiten, den Austausch zu sichern. Vorsicht aber auch bei
den elektronischen Medien: keine Aufzeichnung ohne ein Einverständnis des Gesprächspartners!

Einfacher aufzeichnen im elektronischen Medium

Sitzt der Redakteur während des Interviews an einem Computer, kann er während des Gesprächs schon Notizen machen, die
damit gleich in elektronischer Form erfasst sind. Während einer
Web-Konferenz ist es auch gut möglich, die Notizen gleich dem
Gesprächspartner zu zeigen und, wenn das gewünscht ist, gemeinsam an einem Protokoll zu arbeiten.

5.4 Interviews über Draht nachbereiten

Wir telefonieren ständig, deswegen nimmt man es mit dem Protokoll und der Nachbereitung oft nicht sehr genau. Schon nach wenigen Wochen sind Details eines unwiederholbaren Gespräches
verschüttet und für immer verloren.

Nichts darf verloren gehen

Qualitätsrecherchen vernachlässigen keine Quelle und keine Methode. Alles wird protokolliert und steht auch später noch

zur Verfügung.[3] Hat man vielleicht während des Interviews schon Notizen am Rechner gemacht, geht die Nachbereitung um so schneller von der Hand.

Wenn sich die Faktenlage grundlegend ändert und neue Hypothesen entwickelt werden müssen, können alte Recherche-Ergebnisse noch einmal abgeklopft werden. Gab es nicht schon damals im Telefongespräch oder der Videokonferenz Hinweise, die man unter dem neuen Wissensstand anders interpretieren kann?

Kein Problem für den, der seine Nachforschungen ordentlich dokumentiert. Was auf Recherchegespräche im Allgemeinen zutrifft, darf auch bei Telefoninterviews, Videokonferenzen und Web-Konferenzen nicht vernachlässigt werden.

5.5 Tipps zu E-Mails

Vorteile der E-Mail

Kommunikation über E-Mail ist inzwischen so allgegenwärtig, dass der Umgang damit schon fast zu einer Kulturtechnik wird. Dennoch ist eine effektive Kommunikation per E-Mail keine Selbstverständlichkeit: Unübersichtliche, schlecht strukturierte und schwer verständliche Mails sind eher die Regel als die Ausnahme. Deshalb ist ihnen hier ein eigener Abschnitt gewidmet.

E-Mails sind schnell und preisgünstig, wenn Sender und Empfänger auf diesem Wege miteinander zurecht kommen. Ein Vorteil der elektronischen Post ist, dass sie den Leser bestimmen lässt, wann er liest.

Man geht dem anderen nicht auf die Nerven, unterbricht ihn nicht bei interessanteren Tätigkeiten. Zudem kann der Informant seinerseits Bilder und andere Anhänge problemlos in das Redaktionsbüro schicken, dort ist selbstverständlich ein aktueller Schutz vor Viren installiert.

Nicht über E-Mail

„Hingegen verzichtet man besser auf dieses Medium, wenn

- der Inhalt **vertraulich** ist,
- einem persönlichem **Gespräch vorbehalten** bleiben sollte, zum Beispiel schlechte Nachrichten, oder wenn Informationen

---

3   Wenn ein Kollege mithört, muss auch er das Gehörte sofort protokollieren, damit er später in einem Prozess gegen die Zeitung, die Redaktion oder den Autor eines Artikels bestätigen kann, was er vernommen hat.

leicht missverständlich sind und des Gesprächs zur Korrektur bedürfen,

- die **schnelle Antwort** nötig ist oder
- nicht sicher ist, ob der Empfänger E-Mail **bereitwillig nutzt.**"[4]

Tipps und Tricks zu E-Mails gibt es in der Literatur und im Internet *en masse*. In der Recherchepraxis hat sich als besonders nützlich erwiesen:

Benutzen Sie eine ausführliche Signatur mit Postanschrift, Fax-, Telefon- und Handynummer sowie Web-Adresse. Manchmal gehört auch die Besuchsadresse hinzu. Der Empfänger soll nichts nachschlagen müssen, was er nach der Lektüre eventuell benötigt.[5] *(Goldene Regeln)*

Formulieren Sie einen aussagekräftigen Betreff: *(Betreffzeile)*

- Seien Sie so konkret wie möglich: „Korrekturlesung bis 28. 4. 2012 benötigt."
- Signalisieren Sie die Funktion, Beispiel: *Nur Information / Antwort erforderlich / Entscheidung benötigt.*

Strukturieren Sie Ihre E-Mails nachvollziehbar, damit der Empfänger schneller lesen und reagieren kann: *(Struktur)*

- Wichtige Punkte (z.B. Abgabetermine) hervorheben,
- Listen zur Strukturierung nutzen und
- Zwischenüberschriften einfügen.

Beschränken Sie sich auf das Wesentliche: *(Nur das Nötige!)*

- Nennen Sie den Zweck Ihrer E-Mail im ersten Satz.
- Verwenden Sie Anhänge für umfangreichere Informationen.

Achtung bei internationalen E-Mail-Empfängern: *(International)*

- Schreiben Sie die Monatsbezeichnungen aus. Beispiel: Nummernformate wie 1.12.2012 können in anderen Ländern falsch interpretiert werden *(1. 12. 2012 oder 12. 1.?)*
- Fügen Sie bei Terminen immer die Zeitzone und gegebenenfalls die Sommerzeit hinzu. Beispiel: Can we telephone on July 1 at 10 a.m. (Central European Summer Time / CEST)?

Typische Sünden der E-Mailer sind: *(Niemals!)*

- Selbst nicht antworten, sich nicht bedanken, wenn man etwas erhalten hat.
- Lange, unübersichtliche Mails schreiben.
- Alberne Optionen nutzen: *Höchste Priorität.*

4 Baumert, *Professionell texten*, S. 126.
5 Für den Geschäftsverkehr sind die nötigen Angaben im Aktiengesetz, dem GmbH-Gesetz und dem Handelsgesetzbuch geregelt.

5.6 Standardisierte Befragung

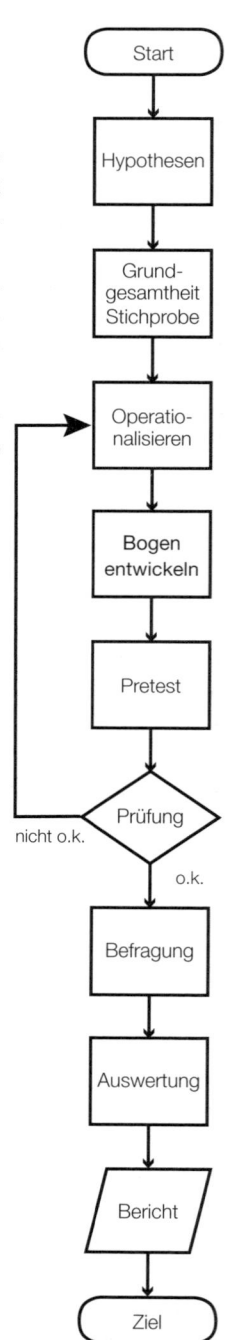

Befragungen

Fragebogen sind eigentlich etwas für Sozio-logen und Psychologen, die den Umgang mit standardisierten Befragungen in der Ausbildung erlernen.

In kleinen und mittleren Unternehmen müssen aber auch die Technikredaktion und die Öffentlichkeitsarbeiter gelegentlich eine Befragung durchführen, Beispiele:

Betriebszeitung

• Worin liegen die Stärken und Schwächen unserer Zeitung für Händler – Mitarbeiter, Endkunden, ... Was können oder müssen wir ändern? Worauf müssen wir künftig mehr Gewicht legen?

Handbücher, Dokumentation

• Kommen Kunden mit unserer produktbegleitenden Literatur zurecht? Machen wir fast alles richtig, oder müssen wir neue Wege gehen?

Schulung

• Ist der Teilnehmer unserer Schulung zufrieden? Wird er wiederkommen? Wenn nicht, was lief falsch?

Für solche Befragungen beauftragt man nicht immer Spezialisten, man löst die Aufgabe manchmal mit bordeigenen Mitteln.

Nicht: präzise Aber: ungefähr

Die selbstgestrickte Fragebogen-Aktion ist kein Problem, wenn bewusst bleibt, dass eine solche Befragung Mängel haben wird. Sie reicht, um einen Trend zu erkennen. Sie reicht nicht, um eine wissenschaftlich valide Aussage zu formulieren.

Phasen der Befragung

Hypothese

Die Zeichnung rechts zeigt den typischen Verlauf einer Fragebogenaktion. Sie beginnt damit, dass man Aufgaben, Fragen und Hypothesen formuliert.

Beispielsweise wollen wir wissen, ob und wie unsere Zeitung dazu beiträgt, unsere Po-

sition bei den Händlern zu festigen. Wenn ein Kunde zu ihnen
kommt, greifen sie zuerst zu unserem Produkt oder zu einem der
Mitbewerber? Warum?

Wollen und können wir alle Händler befragen, die Grundgesamtheit? Oder müssen wir Stichproben auswählen? Wenn ja, wie
bestimmen wir sie? Der Schuss ins Dunkle, oder wählen wir eine
gewichtete Stichprobe? Vorrangig süddeutsche Händler oder
norddeutsche? In erster Linie Händler mit einem Umsatz unserer
Produkte ab x Euro oder bis x Euro? Wie gewichten wir? Ist ein
Händler mit x Filialen wichtiger als ein anderer mit x-i Filialen?
Schon die Auswahl der Stichprobe bestimmt zum Teil das Ergebnis. Ein Grund mehr, sich über die Grenzen der eher laienhaften
Befragung im Klaren zu sein! *(Grundgesamtheit oder Stichprobe)*

Anschließend müssen wir die Hypothesen operationalisieren. Beispiel: Wir haben den Verdacht, dass die Zeitung unseren
Händlern nicht genügend Nutzen bringt. Die Frage „Bringt Ihnen
die Zeitung genügend Nutzen?" würde uns wenig helfen. Eher
wollen wir wissen, welche inhaltlichen Schwerpunkte die Händler bei einem Blatt setzen, das ihnen tatsächlich Vorteile bringt.
Vielleicht wollen sie die neuesten wissenschaftlichen oder technischen Erkenntnisse in einer leicht verständlichen Sprache regelmäßig erfahren. Dann könnten sie selber ihre Kunden besser beraten als ein Mitbewerber, der diese Zeitung nicht bezieht.
Also ergibt die Operationalisierung der Hypothese Fragen nach
der Verständlichkeit und Qualität von Text und Abbildungen,
nach dem Bedarf an Berichten aus der Wissenschaft. *(Operationalisieren)*

Dann wird der Fragebogen gestaltet, werden die Fragen formuliert.[6] Verschicken wir die Fragebogen, nutzen wir einen Internetanbieter, beauftragen wir ein Callcenter oder schicken wir
Mitarbeiter beim Händler vorbei? Dadurch wird die Choreographie der Aktion und des Fragens festgelegt. *(Bogen entwickeln)*

Internetanbieter: Was geschieht mit den Daten? Ist die informationelle Selbstbestimmung des Befragten gesichert? Oder
werden wir einen fürchterlichen Eindruck hinterlassen, weil die
Teilnehmer schlagartig Werbung erhalten, die mit dieser Befragung in Zusammenhang stehen könnte? Wie ist der Vertrag gestaltet, was sagen die Allgemeinen Geschäftsbedingungen über
den Datenschutz? Jede Online-Befragung muss garantieren, dass
wenigstens die Standards zur Qualitätssicherung für die Online-

---

6   Siehe „Fragen in schriftlichen Befragungen" auf Seite 89.

Befragung eingehalten werden. Sie sind vom ADM Arbeitskreis Deutscher Markt- und Sozialforschungsinstitute e.V. und drei anderen Organisationen herausgegeben und im Internet erhältlich.[7]

Callcenter: Zu den Forderungen an eine Internetbefragung gesellen sich Qualitätsansprüche an das Personal. Die Anrufe dürfen nicht lästig sein, und die Anrufer müssen die Ergebnisse gewissenhaft eintragen. Das geht nicht ohne Kontrolle, beispielsweise durch einige Befragte, die ohne Wissen des Callcenters für den Auftraggeber antworten. Wichtig ist, dass die Texte, die der Interviewer spricht, standardisiert und ebenfalls im Fragebogen eingetragen sind. Man darf es nicht der Tagesform des Anrufers überlassen, was er dem Befragten sagt.

Befragung durch Mitarbeiter: Das Ergebnis wird womöglich dadurch verfälscht, dass die Interviewer in dieser Aufgabe nicht trainiert sind. Also stellt man Klemmbretter, Fragebogen und Aufzeichnungsgeräte für das Üben bereit. Vielleicht hilft dabei eine Kamera, deren Aufzeichnug man im Anschluss auswerten kann.

Pretest Diese Trainings kann man auch in den Pretest einbetten. Dessen Aufgabe ist es, auf Schwachstellen im Fragebogen hinzuweisen.

Befragung Wenn das Ergebnis dieses Tests überzeugt, kann die Befragung starten. Jeder Fehler, der jetzt noch im Plan oder im Fragebogen steckt, kann sich nun auswirken und das Ergebnis beeinträchtigen.

Die Gestaltung des Bogens

Die Rücklaufquote der Fragebogen ist sehr gering, wenn man nicht besondere Anreize schafft, beispielsweise Preise für die Beteiligung auslobt. An erster Stelle stehen Kürze, Verständlichkeit und Gestaltung – vorausgesetzt, dass der Sinn der Befragung vom Interviewten unterstützt wird.

Bei der verständlichen Formulierung der Fragen helfen die Pretests. Hat sich irgendwelches Kauderwelsch eingeschlichen, das der Interviewte vielleicht nicht kennt? Sind Fragen missverständlich gestellt?

---

7   http://www.adm-ev.de/fileadmin/user_upload/PDFS/Onlinestandards_D.PDF

Haben Sie gefunden,
wonach Sie gesucht haben:

immer	manchmal	selten	nie

Kurz,
sehr kurz

Wie bewerten Sie:

	++	+	-	--
Gliederung	++	+	-	--
Verständlichkeit	++	+	-	--
Seitenaufbau	++	+	-	--
Beispiele	++	+	-	--

Wie oft nutzen Sie das Handbuch:

täglich	wöchentlich	monatlich	nie

Dieser Fragebogen liegt als Postkarte einem Handbuch bei.[8]

Ein weiteres Plus des Bogens ist die Gestaltung. Die Fragen müssen übersichtlich in Blöcken zusammengefasst sein. Das Beispiel auf Seite 146 zeigt eine Seminarbewertung, die gute Dienste geleistet hat, weil sie der Situation des Ausfüllens angepasst ist.

„Die Teilnehmer füllen den Fragebogen aus, wenn sie nach Hause gehen wollen. Das Ausfüllen sollte nicht länger als zwei oder drei Minuten dauern. Der Fragebogen muß deswegen kurz sein, eine Seite sollte reichen.

Eine, höchstens zwei offene Fragen reichen, der Rest sind Bewertungsfragen. Das Ergebnis kann dann immer noch gut maschinell ausgewertet werden (Datenbank).

Sie wollen wissen, ob der Inhalt mit den Erwartungen der Teilnehmer übereinstimmte, wie der Trainer seine Aufgabe gelöst hat, ob Räumlichkeiten und Technik den Erwartungen entsprechen."[9]

Marginalien:
2 oder 3 Minuten

1 offene Frage

Inhalt, Trainer Rahmenbedingungen

Fünf ergänzende Tipps zur Gestaltung

1. Vermeiden Sie einen Seitenumbruch innerhalb einer Frage. Wenn es möglich ist, gehören auch Fragenblöcke auf eine Seite.
2. Offene Fragen verlangen Platz. Nicht jeder beherrscht die Schönschrift, mancher weiß nicht, wie er eine Antwort in zwei engen Zeilen unterbringen soll. Schafft er es dennoch, kann sie der Auswerter nicht lesen.

   Füllt ein Interviewer den Bogen aus, kann er für sehr umfangreiche Antworten auch ein Aufzeichnungsgerät verwenden. Dann muss aber die Zuordnung vom Bogen zur Audiodatei gewährleistet sein.

8   Baumert, *Recherchegespräche*, S. 106.
9   Ebenda, S. 104.

3. Der Befragte muss wissen, wer aus welchem Grund diese Befragung initiiert hat.
4. Wo kann man das Ergebnis einsehen? Anschrift und Daten des Auftraggebers gehören auf den Bogen.
5. Filterfragen funktionieren nur, wenn alle Fragen durchnummeriert sind. Wenn ja, dann Frage x, wenn nein, dann Frage y setzt Nummern voraus.

	zufrieden		unzufrieden	
	+ +	+	-	- -
Inhalt				
gemessen an den Erwartungen	☐	☐	☐	☐
Umfang	☐	☐	☐	☐
Gliederung	☐	☐	☐	☐
Praxisbezug	☐	☐	☐	☐
fachliche Anregungen	☐	☐	☐	☐
Seminarunterlagen	☐	☐	☐	☐
Anzahl der Übungen	☐	☐	☐	☐
Qualität der Übungen	☐	☐	☐	☐
Referent				
fachlich	☐	☐	☐	☐
Vortragsweise	☐	☐	☐	☐
Seminarort				
Erreichbarkeit	☐	☐	☐	☐
Ausstattung	☐	☐	☐	☐
Service	☐	☐	☐	☐

Bemerkungen _____

Seminarbewertung, die jahrelang erfolgreich genutzt wurde.[10]

---

10 Baumert, *Recherchegespräche*, S. 105.

Das folgende Beispiel aus den Demographischen Standards des Statistischen Bundesamtes unten zeigt, wie Filter für eine Telefonbefragung zu formulieren sind. Es zeigt außerdem, dass der zu sprechende Text tatsächlich vollständig formuliert sein muss. Die Hinweise für den Interviewer sind hier in einem kursiven Schriftschnitt, damit leichter zu erkennen ist, was vorgelesen wird und was nicht.

Nr.	Demographische Standards für telefonische Befragungen	weiter mit	Steuerung
9	**Filter:** *Nur wenn nicht vollzeit- oder teilzeiterwerbstätig laut Frage 8, dann auf Frage 9, sonst auf Frage 11* Wenn Sie nicht vollzeit- oder teilzeiterwerbstätig sind: Sagen Sie mir bitte, zu welcher Gruppe gehören Sie? Sind Sie		
	– Schüler/-in an einer allgemeinbildenden Schule ..... ( )	13 A	
	– Student/-in ..... ( )	10	
	– Rentner/-in, Pensionär/-in, im Vorruhestand ..... ( )	10	
	– arbeitslos ..... ( )	10	
	– dauerhaft erwerbsunfähig ..... ( )	10	
	– Hausfrau/Hausmann ..... ( )	10	
	– Sonstiges, ... ( ) und zwar: _____	10	

Filter[11]

Auswertung

Anschließend müssen die Daten ausgewertet werden. Entweder liegen sie schon elektronisch vor, oder die Fragebögen müssen digitalisiert werden – durch Lesegeräte, aufwändiger: von Hand. Profis verwenden für die Auswertung oft eine besondere Statistiksoftware. Wer sich selber helfen muss, benutzt eines der üblichen Tabellenkalkulations-Programme oder eine Datenbank-Software.

Die Kunst besteht darin, Eingangsfragen und Hypothesen an den gewonnenen Daten zu überprüfen und tatsächlich Erkenntnisse abzuleiten. Herausfordernd ist weniger die Mathematik, denn auf der einfachen Ebene, die der Gelegenheits-Auswerter

11 Hanefeld, Hoffmeyer-Zlotnik, Jürgen, *Demographische Standards*, S.54.

anwendet, ist alle Statistik mit dem Auszählen und den Grundrechenarten zu bewältigen. Die Schritte der Auswertung:

1. Daten elektronisch aufnehmen,
2. Daten zusammenstellen,
3. Gruppieren, auszählen, Verhältnisse erkennen, berechnen,
4. Hypothesen überprüfen,
5. Ergebnisse mit den geeigneten Mitteln visualisieren – Tabellen und Grafiken,
6. Gegenprüfen,
7. Ergebnisse gewichten,
8. Gegenprüfen,
9. Gewichtete Ergebnisse in eine für den Auftraggeber nützliche Reihenfolge bringen,
10. Bericht schreiben und gegebenenfalls eine Präsentation vorbereiten.

Bericht Mag die Rechnerei auch einfach sein, ohne weitere Vorbereitung wird es dennoch nicht gehen. Bei der ersten Befragung und Auswertung mit anschließender grafischer Gestaltung eines Berichts wird jeder Redakteur Lehrgeld zahlen. Ergänzende Lektüre ist deswegen erforderlich.[12]

Skalierungen

Oft bereitet die Verwendung des Wortes *Skala* dem in dieser Arbeit ungeübten einige Verwirrung. Unter *Skala* versteht man in der Umgangssprache nur einen Wertebereich, auf dem ein Eintrag oder ein Bereich markiert ist, zum Beispiel:

Tägliche Wegstrecke

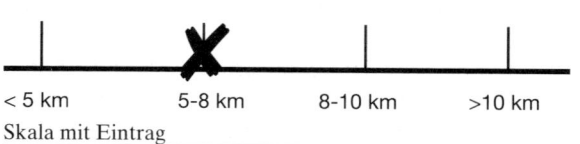

< 5 km   5-8 km   8-10 km   >10 km

Skala mit Eintrag

Man würde sagen, dass auf einer Skala von 5 bis 10 km der Bereich zwischen 5 und 8 markiert sei.

---

12 Als Einführung in die Statistik kann das Buch von Clauß [u. a.], *Statistik*, gute Dienste leisten, bei der Gestaltung von Infografiken sind die Titel von Liebig, *Die Infografik*, und Wong, *Die perfekte Infografik*, hilfreich.

Statistiker benutzen das Wort *Skala* etwas anders, sie bezeichnen so ihre Datentypen. Damit geben sie an, dass man mit diesen Typen unterschiedliche mathematische Operationen durchführen kann. Zu diesem Zweck unterscheiden sie:

- die Nominalskala,
- die Ordinalskala,
- die Intervallskala und
- die Ratio- oder Verhältnisskala.

(Randspalte: Statistik: Skala = Datentyp)

Die **Nominalskala** ist der einfachste Datentyp. Man fragt beispielsweise nach dem Geschlecht: männlich oder weiblich. Mathematisch ist mit diesem Datum wenig anzufangen, man kann nur auszählen, wieviele Probanden männlich oder weiblich sind, kann relative und absolute Häufigkeiten angeben.

(Randspalte: Äpfel und Birnen)

Die **Ordinalskala** ist ergiebiger, sie schafft eine Rangfolge und gestattet dem Auswerter, eine Hitliste zu gestalten:

(Randspalte: Reihenfolge)

Am liebsten mache ich Urlaub

☐ ☐ ☐ ☐ ☐

an der See   im Gebirge   auf dem Land   in einer Stadt   weder noch

Die **Intervallskala** ähnelt der umgangssprachlichen Verwendung des Wortes Skala. Der Befragte kann einen Wert oder mehrere Werte auswählen, beispielsweise monatliche Ausgaben für den Lebensunterhalt. Die Abstände zwischen den Werten sind gleich.

(Randspalte: Abstände)

Die **Ratioskala** ist sicher die aufwändigste, sie ist ähnlich der Intervallskala, arbeitet aber mit einem wissenschaftlich unumstrittenen Nullpunkt. Was die Kosten für den Lebensunterhalt tatsächlich beinhalten, mag umstritten sein, gehört also in die Intervallskala. Nicht umstritten ist jedoch, dass das Alter vom Moment der Geburt an gezählt wird: ein absoluter und unstrittiger Nullpunkt.

(Randspalte: Wissenschaftliche Anordnung)

Zusammenfassung

Der Erfolg jedes Recherchegesprächs hängt davon ab, wie gut man es vorbereitet. Inhalt, Ort, Zeit, Technik: Alles muss stimmen. Das gilt insbesondere, wenn man nicht mit dem Interviewpartner persönlich sprechen kann, sondern über Medien wie Telefon oder Web-Konferenz kommuniziert.

Telefoninterviews, Web-Konferenzen & Co. gelingen besser, wenn man sie aus dem Sichtwinkel des Informanten plant. Die Wahl des passenden Kommunikationsmediums ist wichtig für den Erfolg des Interviews. Wer eine Web-Konferenz oder ein Telefoninterview wählt, sollte an den Interviewpartner und die anstehende Rechercheaufgabe denken – passt das hier oder nicht?

Auch standardisierte Befragungen sind keine Geheimwissenschaft. Entscheidend sind die Hypothesenbildung, ihre Operationalisierung und die verständliche wie übersichtliche Gestaltung des Fragebogens.

6 Störungen

Recherchegespräche entwickeln sich nicht immer so, wie es der Arbeit dienlich wäre. Trotz Planung und Vorbereitung kann einiges schiefgehen.

Unterschiedliche Interessen, Temperamente, Vorlieben und Lebenseinstellungen lassen kleine und mittlere Störungen erwarten. Wer den Kontakt mit fremden Menschen von Berufs wegen sucht, wird sich darüber nicht wundern.

Ärgerlich sind Irritationen und Fehler, die der Interviewer selbst verursacht. Sie wären vermeidbar. Bemerkt man den Irrweg rechtzeitig, sind Korrekturen möglich. Doch nicht alles lässt sich reparieren. Hin und wieder lässt man besser einem Kollegen den Vortritt, der mit diesem Typus des Informanten leichter zurechtkommt.

6.1 Sportlich betrachtet

Interviews führen Menschen zusammen, die sich sonst nie begegnen würden, die miteinander kein Wort wechselten, gäbe es nicht diese besondere Situation. Dementsprechend viele Fallen gibt es, die irgendwo auf dem Weg verborgen liegen.

Das Gespräch zwischen Fremden kann den Beteiligten Spaß bereiten, alles läuft harmonisch. Manchmal herrscht professionelle Kühle vor, beide wahren die Distanz, man erfährt, wonach man fragt – auch kein Problem. Bis zu einer Art hilfsbereiten Desinteresses sind viele Haltungen denkbar, die dem Erfolg nicht im Weg stehen: Ich sage Ihnen, was Sie wissen wollen, aber verschwinden Sie möglichst schnell wieder. **Erfolgreiche Interviews**

Dann gibt es die Abwimmler und Täuscher. Sie reden gerne mit dem Rechercheur, versuchen ihn aber davon zu überzeugen, dass er auf dem falschen Weg ist, alles ganz anders sei. Solche Si- **Kräfte messen**

tuationen verstehen viele Profis als eine willkommene Herausforderung. Im Prinzip dem rhetorischen Wettstreit in der Antike
ähnlich – sportlich betrachtet: Wir wollen mal sehen, wer diesen
Teil seines Jobs besser löst, du oder ich. Mit Standardtricks aus
dem Supermarkt wimmelst du mich jedenfalls nicht ab. Mal sehen, welches Repertoire zur Verteidigung du mitbringst.

Diese kleinen Plänkeleien sind kontrollierbar, manche gehen
verloren, viele sind unentschieden – der Profi blockt ab und schaltet auf stur –, einige werden gewonnen. Es ist keine Schande einzugestehen, dass es guttut, wenn man mehr erfährt, als der Befragte sagen will. Wenn man sich mit Journalisten bei einem Glas
Bier über das Thema Recherchegespräche unterhält, werden unweigerlich solche kleinen Triumphe zutage gefördert.

Auf dieser eher gemütlichen Ebene sind alle möglichen Vari-
anten denkbar, vom einsamen Herzen, dem endlich jemand zu-
hört, bis zu dem, der nie genau hinsieht und trotzdem darüber
spricht. Kleine Marotten und große Macken, mit denen sich jeder
zurechtfinden muss, der wildfremde Menschen anspricht.

Ganz anders sind echte, vermeidbare Störungen, vergleichbar
der Fehlfunktion in einer Maschine. Gelegentlich kann man sie
noch rechtzeitig erkennen und gegensteuern.

6.2 Interviewerfehler

Falsche Voraussetzungen, unangemessenes Verhalten, nicht auf-
gepasst, übermotiviert und alles vermurkst – auch erfahrene Profis ruinieren gelegentlich ein Interview.

Vorbereitung und Vorurteil

Fehler im Profil Der Interviewer hat sich auf seinen Gesprächspartner vorbereitet, hat einiges über ihn gesammelt und ein Profil angelegt. Im
Gespräch stellt sich nun heraus, dass wichtige Bewertungen oder
Schnell umschalten Typisierungen falsch sind. Dieser „Schinder" ist ein sozial den-
kender Mensch, voller Skrupel, nicht besonders entschlussfreudig
– ziemlich genau das Gegenteil der Vorstellung, die man von ihm
hatte. Wer jetzt nicht schnell genug umschaltet, ist auf dem besten
Weg, das Interview zu ruinieren.

Selbst in kleinen Dingen irrt man sich gründlich: Telefonisch ein Gespräch vereinbart – bei dieser Stimme muss der Mann ein Bär sein, rundes Gesicht, vermutlich ein riesiger Kerl. Fast wäre man an dem kleinen Habicht vorbeigelaufen, der die Tür freundlich geöffnet hat. Das belämmerte Gesicht des Besuchers schafft schon zur Begrüßung einen lausigen Eindruck bei dem, auf den es ankommt.

> Es bleibt dabei: Wenn man vorher weiß, mit wem man es zu tun hat, steigen die Chancen. Dieses vorläufige Wissen ist aber bestenfalls aus zweiter Hand, aus Daten abgeleitet, manchmal nur hypothetisch. Es muss nicht der Wirklichkeit entsprechen. Da helfen nur Misstrauen gegenüber den eigenen Bewertungen sowie die Bereitschaft Fehlurteile zu erkennen und über Bord zu werfen.

Das Profil ist oft nur Hypothese

Ein vergleichbares Problem ist der Halo-Effekt, der Überstrahlungsfehler. So bezeichnet man die Fehlbeurteilung eines Menschen, die auf einem besonders hervorragenden äußeren Merkmal und dem ersten Eindruck beruht. Positiv oder negativ, Attraktivität oder abstoßendes Äußeres oder Verhalten: Ein zuerst wahrgenommenes Detail überstrahlt alles andere, macht den Rechercheur betriebsblind.

Zu schnelles Urteil

Dagegen hilft nur eine gesunde Skepsis gegenüber der eigenen Haltung. Der Halo-Effekt lässt sich nicht vermeiden, er verliert aber seine Wirkung, wenn man selbstkritisch solchen Ersteindrücken verweigert, den Fortgang einer Recherche zu beeinflussen.

Niemand zu Hause

Reine Routine: Während ich mit diesem Informanten rede, denke ich an das, was danach kommt. Es mag ätzend sein oder interessant, auf jeden Fall steht es jetzt schon im Vordergrund. Man spult Fragen herunter, sammelt Antworten ein und merkt nichts. Wie bei einem langweiligen Vortrag nach dem Mittagessen, wenn die Sonne durch die Fensterscheiben brennt und zum Nickerchen einlädt.

Unaufmerksam

Das Ausmaß des eigenen Versagens wird schlimmstenfalls erst am Schreibtisch deutlich, wenn man in die Aufzeichnung hineinhört.

Chancen vertan

Eingeschränkte Aufmerksamkeit führt dazu, dass der Interviewer – wenn überhaupt – nur auf die Antworten achtet, die gerade wichtig zu sein scheinen. Andere nimmt er nicht wahr, ist geistig abwesend, täuscht Interesse vor. Er bohrt nicht nach, bemerkt Widersprüche nicht und hört nur, was er hören wollte.

Dieser Fehler unterläuft dem nicht, für den jedes Recherchegespräch noch ein spannendes Ereignis ist. Interviewen ohne zuzuhören sieht zwar nach einem Anfängerfehler aus, es passiert aber eher dem Routinier.

Möglichst frisch
ans Werk

Dagegen hilft es, körperlich einigermaßen fit zu sein, kein opulentes Mahl vor der Arbeit, nichts, das stresst, ermüdet und ablenkt. Vorsicht mit allen Bremsen und Turboladern, mit dem Wein zum Essen, dem überall herumstehenden Kaffee. Kleine Rituale unterstützen hingegen die Aufmerksamkeit, Themen auf dem Fragenkatalog abhaken, Uhrzeit im Blick behalten.

Zuviel Druck im Kessel

Kein
Kampfhahn

Wer sich in einem Sachgebiet kundig gemacht hat, könnte sich engagieren. Man kennt sich leidlich aus und interviewt jemanden, der nachweislich Unfug erzählt. Oder überheblich von oben herab schwadroniert. Die immergleiche Lüge feist grinsend zum Besten gibt. Die eigenen Felle schwimmen davon, der nimmt mich nicht ernst, das hätte ich mir sparen können, diese Aktion ist völlig versiebt. Die Gefahr wird übergroß, dass der Rechercheur nun zum Kombattanten wird, sein ‚Wörtchen mitreden‘ will.

„Ich weiß was!"

„Wegen ihrer Unwiederholbarkeit bedeuten Interview-Situationen für viele Journalisten Stress, Verkrampfung, auch Angst. Deshalb sollte sehr darauf geachtet werden, dass diese Situation nicht in Fehlverhalten mündet, wie: übertrieben anbiedernd, ungewollt arrogant, übermäßig geschwätzig, anerkennungs- und bestätigungsbedürftig usw. So gehört es zur Untugend vieler Interviewer, das **eigene** Wissen vorführen und die Darlegungen des Interviewpartners mit Selbsterzähltem gleichsam überbieten zu wollen."[1]

Das Interview als Darstellungsform, das gesendete journalistische Gespräch – im Druck wird vieles bereinigt –, zeigt es oft genug: Zwei Kampfhähne gehen aufeinander los, verbeißen sich, die Information bleibt auf der Strecke.

---

1   Haller, *Recherchieren*, S. 232.

Selbst alte Hasen werden hin und wieder ein Opfer ihres Engagements und sind übermotiviert. Dagegen hilft nur, jedes misslungene Interview zu analysieren und herauszufinden wie das Gespräch ,gekippt' ist. Die Interviewtechnik ist für den beruflichen Erfolg so wichtig, dass sich diese Mehrarbeit lohnt.

Auslöser kleiner Desaster, in denen die professionelle Distanz aufgehoben ist, sind häufig

- provozierende Fragen,
- Fragestrategien, die den Informanten in die Enge treiben,
- Fragen, die auf unteren Schichten des Maslow-Modells attackieren, vielleicht das Selbstwertgefühl angreifen, oder
- Gesprächspartner, die einen für dumm verkaufen, ihre Aggressionen nicht im Griff haben, allzu überheblich werden oder aus anderem Grund weit mehr Geduld verlangen, als man jetzt gerade spontan aufbringen kann.

Einer greift an

Wer es rechtzeitig bemerkt, kann darauf eingehen und das Interview noch retten.[2]

Eine Falle besonderer Art sind innerbetriebliche Recherchegespräche in Technikredaktion und PR-Projekten, wenn dabei die Arbeitsleistung des Informanten zum Thema werden könnte. Wie soll man sich verhalten, wenn ein Konstrukteur das neue Design der nächsten Gerätegeneration vorstellt? Wenn es gefällt, ist das keine Frage; was aber, wenn es schrecklich aussieht?

Dem Rechercheprojekt ist besser gedient, behält man seine Kritik für sich. Kennt man den Entwickler gut genug, findet sich außerhalb des Interviews sicher eine Möglichkeit, das Design zu diskutieren. In Technikredaktionen kann man Produkte auch einem Test unterwerfen und das Testergebnis den Ingenieuren zur Verfügung stellen. Wenn auf diesem Weg eine konstruktive Kritik zustande kommt, ist das sinnvoller als die Vermengung von Kritik und Recherche.

Keine Kritik am Informanten oder seiner Leistung

Munition verschossen

„,Das Leben ist schwer', fügte Mr. Kirk seufzend hinzu. ,Stellt man Fragen, schon verrät man dem Zeugen, worauf man hinauswill; stellt man keine, so erfährt man auch nichts.'"[3] Es ist das alte

2   „Metakommunikation" auf Seite 161.
3   Sayers, *Hochzeit,* S. 157.

Spiel: Mit jeder Frage gibt man auch etwas von seinem Wissen preis.

Besonders ärgerlich ist es, dem Befragten die Antwort unbedacht in den Mund zu legen, ein Beispiel aus dem Alltag:

Voraus-
information

Frage: „Können Sie den Druckauftrag denn bis Montag schaffen, mit buchbinderischer Verarbeitung und allem drum und dran?"

Mancher Auftraggeber hätte sich viel Ärger ersparen können, wenn er seinem Gegenüber die Antwort nicht geradezu vorgegeben hätte!

Antwort: „Selbstverständlich!"

Bessere Ergebnisse erzielt eine Frage ohne Vorausinformation:

Frage: „Bis wann können Sie den Druckauftrag erledigen?"

Vorsicht bei
Gegenfragen

Die Reaktion im Alltag ist häufig eine Gegenfrage, die genau diese Vorausinformation entlocken soll: „Bis wann brauchen Sie es denn?" Wir wollen aber eine Antwort, auf die wir uns verlassen können, keinen Gefälligkeitstermin, den der Drucker ohnehin nicht halten kann.

Je cleverer der Gesprächspartner ist, desto mehr Informationen versucht er aus den Fragen herauszulesen. Interviewen ist keine Geheimwissenschaft. Fragestrategien, die der Journalist anwendet, sind auch manchem Informanten bekannt. Schließlich werden Manager, Politiker und Funktionäre ebenso in Interviewtechnik geschult wie Journalisten.

Nichts
versehentlich
weitergeben

Prüfen Sie Ihren Katalog, ob durch eine Frage oder zu erwartende Rückfragen Schwachstellen entstehen. Bereiten Sie sich darauf vor, basteln Sie kleine Legenden, um Kenntnisse – wo nötig – zu verbergen und Informanten zu schützen.[4]

Gut geschulte Interviewpartner versuchen auch, in die Offensive zu gehen und die Kontrolle über das Gespräch zu gewinnen. Sie spielen ihren Informationsvorsprung aus, setzen ihre Autori-

---

4   Siehe auch unter „Schwindelgeschichten" auf Seite 54. Um ihre Informanten zu decken, müssen Rechercheure gelegentlich die Unwahrheit sagen.

tät ein und wollen den Redakteur oft in eine Verteidigungsposition drängen: „Sie kennen xyz nicht? Dann erkläre ich es Ihnen gerne …"

Nicht unfreundlich oder gar unhöflich muss dennoch die Grundhaltung unmissverständlich sein: „Hier stelle ich die Fragen. **Ich führe** dieses Gespräch." Das sage ich nicht, ich verhalte mich aber entsprechend.

Führung nicht aus der Hand geben

Aufmerksam die Initiativen des Gesprächspartners beobachten. Was der eigenen Strategie nicht nutzt, übergeht man: „Das ist sicher ein interessanter Punkt. Darauf komme ich später zu sprechen", und weiter geht es im Fragenkatalog.

Wenn es aber doch passiert ist, der andere das Kommando übernommen hat, hilft vielleicht noch eine Unterbrechung und der deutliche Rückgriff auf den Fragenkatalog: „So, einen kleinen Moment bitte, lassen Sie mich zu meinen Fragen zurückkommen …"

6.3 Kann nicht, will nicht, darf nicht

Stress und Belastung

Traumatische Erlebnisse, Verlust und Angst können den Wunsch auslösen, über diese Erfahrung mit jemandem zu sprechen. Einige Menschen reagieren aber entgegengesetzt, sie verschließen sich. Andere können nicht bewältigen, dass die Regeln, die sie ihrer Welt gegeben hatten, dieser Katastrophe nicht standhalten konnten. Sie haben die Kontrolle über sich und das Geschehen verloren, das macht sie fertig.

Opfer

Traumatisch: Kontrollverlust

Der Interviewer muss sich darüber im Klaren sein, dass ihm solche Gesprächspartner womöglich die Unwahrheit erzählen. Sie schwindeln nicht mit böser Absicht, es ist für sie der einzige Weg, die in Unordnung geratene Welt wieder ins Gleichgewicht zu bringen. Ob es eine taugliche Methode ist, soll Ärzte und Therapeuten beschäftigen. Für den Rechercheur ist die Aussage eines Informanten, der durch Krieg, Straftaten oder Unfälle schwere seelische Blessuren davongetragen hat, nur eine Facette der Wirklichkeit. Ohne intensive Gegenprüfung darf sie nicht in die Faktensammlung aufgenommen werden.

Gleichgewicht durch eigene Interpretation wieder herstellen

Atypische Gesprächführung nötig

Solche Interviews verlangen manchmal, dass man seinen Fragenkatalog zur Seite legt. Zu Beginn klärt sich das Ausmaß der Erschütterungen, die dieses Leben erfasst haben. Man ringt um Mitgefühl und Vertrauen. Das Geschehen selbst wird erst später zum Thema. Ähnlich vielleicht einem Historiker-Interview mit Zeitzeugen wird der Informant an einen Punkt gebracht, von dem aus er selbst berichtet, seine Sichtweise und Erfahrungen. Der Interviewer hält sich zurück, stellt vielleicht mal eine Verständnisfrage und hilft dabei, eine längere Sprechpause zu beenden.

Zugang verbaut

Behutsam rekonstruieren

Antwortet Ihr Gesprächspartner auf eine Frage nicht oder scheint er mit einem einfachen „weiß ich nicht" auszuweichen, werden Sie herauszufinden versuchen, warum die Kommunikation an dieser Stelle nicht weiterführt.

Wenn der andere eigentlich gerne und bereitwillig Auskunft gibt, steht das Wissen vielleicht nur in diesem Moment nicht zur Verfügung. Der Zugang ist versperrt, ähnlich einer Prüfungsangst. In solchen Fällen braucht man nicht gleich aufzugeben. Taktik ändern, nicht weiterbohren. Versuchen Sie, das Thema langsam einzukreisen, stellen Sie einfache Fragen, deren Beantwortung den anderen behutsam an das verschüttete Wissen heranführt.

Etwas verlegt

Ein einfaches Beispiel für eine solche Rekonstruktion: „Was macht man etwa, wenn man sein Schlüsselbund verlegt hat und sich partout nicht daran erinnern kann, an welchem Ort es deponiert wurde? Man wird vernünftigerweise eine Rekonstruktion aller Handlungen versuchen, beginnend mit dem Zeitpunkt, an dem man den Schlüssel mit sicherer Erinnerung zum letzten Mal gesehen oder in der Hand gehalten hat. Von diesem Punkt an fortschreitend wird man rekonstruieren, was der Reihe nach getan wurde und wird so mit hoher Zuverlässigkeit schließlich auf einige alternative Orte treffen, an denen sich der Schlüssel befinden muss."[5]

Auskunft verboten

Keine Information

Manchmal ist es hoffnungslos. Dieser Informant bricht an einer Stelle ab und beantwortet keine weiteren Fragen. Wenn man

---

5 Gutjahr, *Psychologie*, S. 16.

Glück hat, kommt noch ein erklärender Hinweis, etwa bei einem Polizei-Pressesprecher: „Mehr kann ich nicht sagen, damit der Täter nicht erfährt, was wir wissen." Das war es, Nachfragen wird sinnlos.

Einige müssen eben vorsichtig mit den ihnen anvertrauten Informationen umgehen. Wenn man sich kennt und eine solide Vertrauensbasis die Geschäftsgrundlage ist, erfährt man ein bisschen mehr. Das darf man dann zwar nicht verwenden, es vervollständigt aber das eigene Hintergrundwissen.

Veröffentlichen verboten

Besonders die innerinstitutionelle Recherche leidet aber noch unter anderen Informationsbremsen,

*   der ruinierten Kommunikationskultur,
*   dem waschechten Verbot und
*   dem vorauseilenden Gehorsam.

Technische Redaktion, PR-Projekte

Wird ein Unternehmen, ein Verein oder eine Behörde so geführt, dass Geheimniskrämerei an der Tagesordnung ist, mag diese Verweigerungshaltung des Informanten wahrscheinlich berechtigt sein und wird zu allem Überfluss auch noch belohnt werden.

Ruinierte Kommunikationskultur

Wenn Sie rechtzeitig bemerken, dass die Gesprächskultur bei den Partnern ruiniert ist, dass sie von Angst, Duckmäusertum und Heimlichtuerei geprägt wird, kann es die Arbeit erleichtern, Interviewpartner aus der Führung zu gewinnen.

„Natürlich haben wir schon eine Idee, aber das werden wir doch jetzt noch nicht hinausposaunen!" Abteilungsdenken oder Verbote durch Vorgesetzte sind oft der wirkliche Grund dafür, dass man in der Informationsbeschaffung nicht vorankommt. Diese Haltung ist gegenüber Journalisten gerechtfertigt. Alle Kontakte sollen zentral über den Pressesprecher laufen, damit dieser die Informationspolitik lenken kann. Kontraproduktiv wird es, wenn dieser selbst nur mit Schwierigkeiten an die Informationen gelangt.

Sprechverbot

Hat man erstmals Kontakt miteinander, ist diese Barriere schwer zu überwinden. Letztlich ist es ein Führungsproblem, das auch auf dieser Ebene gelöst werden muss. Es darf nicht sein, dass die Publikationen des eigenen Hauses durch Mitarbeiter behindert werden.

Die dritte Hürde ist die unbegründete Furcht vor Repressalien. Man weiß nicht, ob man sich Ärger einhandeln wird, wenn man Informationen weitergibt. Also blockt man besser gleich ab.

Vorauseilender Gehorsam

In PR-Projekten oder Technikdokumentationen notieren Sie sich solche Sackgassen in der Informationsbeschaffung, um sich gegen Vorwürfe abzusichern, die man Ihnen vielleicht später machen wird: „Warum haben Sie denn unseren Mitarbeiter nicht nach xyz gefragt?"

Keine Zeit, keine Lust?

Abwimmeln

Bei einigen Interviewpartnern beißt man einfach auf Granit. Man stößt auf Informanten, die zu keinem Interview bereit sind. Sprüche wie „Jetzt habe ich keine Zeit." oder „Was willst du denn noch wissen? Das ist doch alles schon x-mal gesagt." dienen dazu, den Rechercheur erst einmal abzuwimmeln.

Dann geht es in erster Linie nicht darum, dem Informanten Fakten zu entlocken, sondern man muss es erst einmal schaffen, einen Interviewtermin zu vereinbaren. Gerade Redakteure in Unternehmen stehen jetzt vor einem Problem, weil sie nicht immer auf eine Alternative zurückgreifen können, wenn der entscheidende Experte ein Interview ablehnt.

Experten verweigern ein Interview möglicherweise aus folgenden Gründen:

*   mangelnde Zeit,
*   mangelnde Motivation,
*   vorangegangener Ärger mit Kollegen oder Konflikte zwischen Abteilungen.

Leistungsdruck
Zeitdruck

In Projekten, in denen großer Leistungs- und Zeitdruck herrscht, ist es schwierig, die wichtigsten Experten zu einem längeren Gespräch zu bewegen. Für den Experten steht seine Aufgabe im Vordergrund – Auskünfte an Redakteure sind für ihn klar von untergeordneter Priorität. Vielleicht hat der Experte auch schlicht und einfach keine Lust: Was hat er persönlich von dem Interview?

Lästige
Interviews

Das Gespräch ist nur eine lästige Angelegenheit, die ihn von seiner eigentlichen Arbeit abhält. Verschärft wird die Situation, wenn vor dem Interviewer schon andere Kollegen ihr Glück versucht haben und dies im Streit endete. Vielleicht gibt es auch Konflikte zwischen verschiedenen Abteilungen, und der Rechercheur findet sich plötzlich zwischen den Fronten.

Nicht
nachgeben

In so einem Fall muss man hartnäckig bleiben. Manchmal kann man einen Kollegen oder den Projektleiter auf seine Seite ziehen, die den unwilligen Experten zu einem Interview motivieren. In anderen Fällen bringt es weiter, wenn man dem Interviewpartner signalisiert, extrem gut vorbereitet zu sein, und tatsächlich „nur ganz, ganz kurz ein paar kleine Fragen" hätte.

Verweigert der Experte das Interview mit dem Hinweis „Mit Ihrer Abteilung arbeite ich nicht mehr zusammen", hilft vielleicht ein Appell an die Fairness: Schließlich kann der Rechercheur häufig nichts dafür, wenn andere Kollegen gerade einen Konflikt austragen. In Auftragsarbeiten des Unternehmens – Technikredaktion oder Öffentlichkeitsarbeit – ist die letzte Instanz, das Management entscheiden zu lassen. Das Klima wird dadurch natürlich nicht besser.

Der Notschalter

6.4 Schäden reparieren

„Mit dem komme ich nicht zurecht." Hätte man es vorher wissen können, wäre besser ein Kollege zum Treffen mit diesem Informanten gegangen? Solche Ergebnisse gibt es, manchmal ist Hopfen und Malz verloren. Gelegentlich ist aber noch etwas zu retten, durch Metakommunikation oder die Richtungsvorgabe der Transaktionsanalyse.

Über das Gespräch sprechen

Metakommunikation

Jedes Gespräch kann entgleisen. Erfahrene Interviewer beobachten den Gesprächspartner aufmerksam und achten auf jedes Signal, das er aussendet. Reagiert man schnell und angemessen, können Missverständnisse rasch beseitigt werden, negative Entwicklungen, die das Interview umbiegen könnten, werden gestoppt.

Gewinnt das kommunikative Missgeschick aber an Eigendynamik, droht ein Desaster, helfen die kleinen Korrekturen nicht mehr. Dann muss man sich mit dem Gesprächspartner über das Gespräch unterhalten, auf die Ebene der Metakommunikation wechseln. Zeutschel und Hintzpeter haben sieben Kennzeichen der Metakommunikation beschrieben:[6]

1. Stopp. Jetzt wird das Interview unterbrochen. Raus aus dem Trott, körpersprachlich und mit Worten zeigen, dass jetzt eine Pause kommt.

Stopp!

---

6 Nach Zeutschel, *Psychologie*, S. 274 f.

Ich-Form 2. Keine Scheinobjektivität, sondern ganz bewusst in der Ich-Form sprechen. Niemals Formen verwenden, die den anderen zum Urheber machen: „Sie haben …"

Eigene Erfahrung
3. Konkret die eigene Erfahrung beschreiben: „Ich spüre einen ziemlich gereizten Unterton in unserem Gespräch."[7]

Mein Fehler
4. Den eigenen Beitrag zur Störung benennen: „Meine Fragen hören sich aggressiv an."

Wie sehen Sie das?
5. Der andere muss seine Sicht der misslungenen Kommunikation mitteilen.

Sie sehen das so: …
6. Jetzt wird es entscheidend: Der das Gespräch führt, muss nun in eigene Worte fassen, was die Sicht des anderen ist. Das klappt nicht auf Anhieb, man muss diesem Punkt aber die größte Aufmerksamkeit schenken. Nur wenn es gelingt, dass der Interviewer die Sichtweise des Gegenübers korrekt wiedergeben kann, ist man auf dem Weg zur Lösung des Problems.

Können wir nicht versuchen …?
7. Mit etwas gutem Willen kann man sich nun einigen, wie die kommunikativen Klippen gemeinsam zu umschiffen sind. Manchmal reicht eine Feststellung: „Ich käme gar nicht auf die Idee, dass …".

Manchmal die Lösung
Dieses Korrekturverhalten funktioniert hin und wieder, es hat aber auch Tücken. Leicht kann sich eine pädagogisierende oder psychologisierende Stimmung einstellen, die vielen auf die Nerven geht. Wer sich nur nach Drehbuch verhält – „ich spüre, dass …" –, sorgt schnell für unfreiwillige Komik.[8]

Auf die metakommunikative Ebene zu wechseln, fällt einem oft schwer. Schließlich kann sich dahinter auch das Eingeständnis verbergen, dass man selbst – als der Profi auf dem Gebiet der Gesprächsführung – einen negativen Beitrag geleistet hat. Gibt man aber das eigene Missgeschick nicht zu und riskiert dafür, das Interview mit mangelhaften Ergebnissen und einem verärgerten Gesprächspartner zu beenden, ist der Schaden ungleich größer.

Wenn alle Stricke reißen, muss ein Kollege übernehmen!
Wenn alles nichts hilft, weil man sich vielleicht von Herzen unsympathisch ist, bleibt zumindest in der betrieblichen Kommunikation, PR oder Technikredaktion noch die Möglichkeit, einen Kollegen zu bitten, er möge das nächste Interview übernehmen.

---

7 Zeutschel, *Psychologie*, S. 275.
8 Lesenswert die bissige Satire in Schulz von Thun, *Miteinander reden*, Bd. 1, S. 256 ff.

Transaktionsanalyse

In Kommunikationstrainings lehrt man die Transaktionsanalyse als ein Instrument, verfahrene Situationen zu meiden oder wenigstens zu lösen, wenn sie sich nicht umgehen lassen.[9]

Nützlich ist die Idee von den Erwachsenen-Ichs, die miteinander sprechen. Verlässt einer diese Ebene und wechselt in das Eltern-Ich, sind Irritationen möglich. Diese Gefahr besteht auch dann, wenn sich der andere dem anschließt und nun beide über irgendetwas lästern und ihre Wertmaßstäbe zum Besten geben.

Die erste Lehre aus dieser Überlegung ist deswegen recht einfach zu ziehen: Bleiben Sie auf der Ebene des Erwachsenen-Ichs, „ich bin o.k. – du bist o.k.", versuchen Sie den Informanten ebenfalls auf dieser Ebene zu halten. Muss man dennoch in den Eltern-Bereich wechseln – „Haben Sie gehört, was dieser …?" gefolgt von „Ist ja wirklich unfassbar, dass …" –, geht es sofort wieder zurück.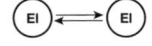

Kurzfristige Wechsel in eine parallele Eltern-Ich-Kommunikation sind keine Katastrophe, wenn man sie beidseitig **deutlich beendet.**

Ärger gibt es wahrscheinlich, wenn Sie es mit einem Kind-Ich zu tun haben, einem schmollenden „ist mir doch egal". In unserer Erinnerung an Gesprächspartner, die uns einen Bären aufbinden konnten, tauchen einige auf, deren Verhalten von Harris in dieser Kategorie zusammengefasst ist. Mit solchen Leuten meiden wir das Gespräch, wenn es sich einrichten lässt. War die Situation nicht vorhersehbar, brechen wir das Interview auch gerne ab. Ist das nicht möglich oder nicht sinnvoll, reicht normales Misstrauen selten: Doppelt gegenprüfen ist angemessen.

---

9   Siehe „2.3 Manchmal o.k." auf Seite 40.

Zusammenfassung

Kleine verbale Rangeleien, Tricks, Mogeleien und Widerstand gehören zum Geschäft, sind keine Störungen des Recherchegesprächs.
Anders die typischen Fehler des Interviewers, von denen einige eher
dem Routinier unterlaufen als dem Anfänger. Da hilft nur, die eigene
Leistung kritisch zu überwachen und ständig bereit zu sein, korrigie-
rend einzugreifen.

Kommunikationsstörungen beim anderen muss der Rechercheur
rechtzeitig bemerken, damit er etwas gegen entstehende Irritationen
unternehmen kann. Eine bewährte Technik ist die Metakommunikation, die in sparsamer Dosierung den Weg aus einer verfahrenen
Gesprächssituation weisen kann. Den transaktionsanalytischen Leit-
satz „ich bin o.k. – du bist o.k." kann man wie eine Kompassnadel
nutzen: In dieser Richtung bleiben wir auf dem Weg.

7 Wirtschaft, Recht und Ethik

Drei Themen, die jeweils ein eigenes Buch rechtfertigen. Wirtschaftliche Belange, Rechtsfragen und die Moral von der Geschichte. Alles in Kurzfassung und ausschließlich auf den Gegenstand Recherchegespräch konzentriert.

Erstens: Recherchieren, Material sichten, gliedern, schreiben, filmen, aufnehmen. Dazwischen immer wieder nachprüfen, neue Fakten einordnen, andere Fragen stellen. Manchmal nicht besonders geradlinig, muss dennoch jedes Projekt einen Anfang und ein Ende haben. Die Arbeit soll verkauft werden, sie muss sich rechnen, sogar innerbetriebliche Aufträge. Profis müssen das Interview auch von der wirtschaftlichen Seite betrachten, einige Redaktionen, Agenturen oder Schreibbüros planen akribisch, andere gehen großzügiger mit diesem Aspekt der Informationsbeschaffung um.

Zweitens: Die Rechte der Beteiligten, Informanten und Interviewer sind selbst in unserem Land nicht sicher vor staatlicher Begierde. Konflikte könnten teuer werden. Rechercheure müssen die wichtigsten Rechtsvorschriften kennen, um sich und ihre Gesprächspartner angemessen schützen zu können. Sie müssen wenigstens wissen, bei welchen Gegebenheiten man zu einem Justiziar oder Anwalt gehen sollte.

Drittens: Wer andere befragt, erfährt etwas. Was geschieht mit diesen Informationen, welche darf ich weitergeben, wo sind die Grenzen, die das Akzeptable vom Verwerflichen trennen? Wen darf ich fragen, wer sollte von der Neugier der Presse verschont werden? Wie sind die Grenzfälle zu bewerten, in denen Rechercheergebnisse weitergegeben werden dürften, sollten oder müssten? Fragen der Ethik kann ein Buch nicht beantworten, es muss aber mögliche Konflikte aufzeigen.

7.1 Interview nach Euro und Cent

Dieser Abschnitt ist nicht für Leser geschrieben, die ihre Spesen und Reisekosten, Porto, Telefon und Internetverbindungen einigermaßen problemlos abrechnen können. Klassische Redaktionsarbeit mag streckenweise noch so aussehen, im Projektgeschäft Selbständiger, von Agenturen und Dienstleistern müssen die Kosten anders berücksichtigt werden.

Kosten der Recherche dokumentieren

Nicht nur Externe kalkulieren Stundensätze und addieren Zeiten und Ausgaben, die sie während der Arbeit an einem Projekt aufwenden müssen. Auch interne Redakteure, in der PR-Abteilung, Betriebszeitung oder Technikredaktion, sind gut beraten, ihren Einsatz zu dokumentieren, selbst wenn das von der Geschäftsleitung nicht gefordert ist.

• Erstens sind die Arbeitsplätze der schreibenden Zunft in der Wirtschaft oft zuerst gefährdet, wenn das Unternehmen in schwieriges Fahrwasser gerät. Wer dann nicht seinen Beitrag zur Wertschöpfung möglichst genau benennen kann, nicht wenigstens ungefähr etwas über Kosten und Nutzen zu berichten vermag, gerät schnell in Schwierigkeiten.

• Zweitens ist eine anständige Projektdokumentation die Voraussetzung dafür, dass die Ergebnisse mit jedem Projekt etwas besser werden.

In betrieblichen Redaktionen nehmen Interviews und weitere Recherchen einen großen Teil des Zeitaufwandes ein. Das Verfassen ist eben nicht nur „mal kurz hinsetzen und alles aufschreiben" – im Gegenteil: Das eigentliche Aufschreiben nimmt im Vergleich zur Recherche nur einen geringen Teil der Arbeit ein. Wenn Sie ein externer Dienstleister sind und produktbegleitende Literatur oder Informationsbroschüren, gedruckt oder elektronisch, liefern, werden Sie einen Kostenvoranschlag oder ein Angebot für das gesamtes Projekt abgeben. Darin muss ausreichend Zeit für Interviews und Recherche eingeplant sein – sonst landen Sie schnell im Minus.

Recherchegespräche im Angebot

Auftragsakquise

Beispiel Informationsbroschüre: Häufig holen Unternehmen und andere Institutionen von mehreren Dienstleistern ein Angebot ein. Manchmal verkehrt man zunächst nur schriftlich oder auch telefonisch miteinander, damit in etwa Umfang und Gegenstand des Projektes deutlich sind. Dann kommt es zu einem ersten Treffen, von Seiten des Dienstleisters ein meist unbezahlter Akquisetermin. Dabei stellt der Auftraggeber das Volumen der Arbeit vor, der Partner erfragt Details, die er benötigt, um ein Angebot zu unterbreiten.

Im Anschluss daran hat der Externe alle Daten, die er braucht, um einen Zeitplan und eine Vorstellung über die entstehenden Kosten als schriftliches Angebot zu formulieren. Es listet

* Leistung,
* Zeit,
* Kosten und
* Verantwortung.

Zeit	Kunde	Auftragnehmer	Kosten	
...	...	...	...	Wer leistet wann was zu welchen Kosten
8.5.12 - 9.5.12	Zweistündiges Interview mit dem Leiter der Entwicklungs-abteilung	Produktrecherche, Normen-recherche, Gliederung	16 Stunden 1120,-	
...	...	...	...	

Ausschnitt aus einem fiktiven Angebot[1]

Das Angebot ist verbindlich. Wenn auf dieser Grundlage ein Vertrag geschlossen wird, muss sich der Kunde darauf verlassen können, dass am 11. Mai die Gliederung vorliegt. Auch die Kosten sind festgelegt, unter der Bedingung allerdings, dass der Kunde seinerseits die im Angebot bezeichnete Leistung zur beschriebenen Zeit erbringt.   *Angebote verpflichten*

Würde der Leiter der Entwicklungsabteilung im genannten Zeitraum nicht zur Verfügung stehen – „Urlaub", „jetzt keine Zeit" –, müsste das Interview nachgeholt werden. Dann allerdings entstünden dem Auftraggeber zusätzliche Kosten, zu einem im Angebot beschriebenen Preis: „Wir berechnen einen Stunden-   *Beide Seiten müssen ihren Teil beitragen*

---

1   Zu Inhalt und Struktur eines Angebots vgl. Baumert, *Professionell texten*, Kapitel 6: Texte in wirtschaftlichem Umfeld produzieren.

satz von EUR 70,– für zusätzlich zu erbringende Leistungen." Außerdem wäre der Dienstleister von der Verpflichtung entlastet, seinen Teil zum angegebenen Zeitpunkt vorzulegen, wenn das Interview beim Kunden eine Voraussetzung dafür wäre.

Damit ist im Prinzip das Verhältnis zwischen Recherchegesprächen und dem schriftlichen Angebot erschöpft. Die Gespräche benötigen Zeit, manchmal sind Kosten für Anreise und Unterkunft aufzubringen.

Die Crux für den Dienstleister ist gelegentlich, dass sein Angebot etwas teurer ist, wenn es mehr Interviews vorsieht. Damit hat er schlechtere Startbedingungen verglichen mit Mitbewerbern, die es diesbezüglich nicht so genau nehmen. Diese arbeiten – so sieht es zunächst aus – zu einem günstigeren Preis. Das böse Erwachen kommt später, wenn zusätzliche Leistungen in Rechnung gestellt werden sollen, die nicht im Angebot verzeichnet

Kosten- sind. Ein Grund für manche Anbieter, es mit einem Kostenvoran-
voranschlag schlag anstelle des Angebots zu versuchen. Diesem gestattet die Rechtsprechung moderate Abweichungen von den aufgeführten Preisen, wenn dafür berechtigte Gründe angegeben werden können.

Erfahrung vieler selbständiger Redakteure: Wenn dem Auftraggeber die Kostenseite der Recherchegespräche deutlich vor Augen steht, ist eine reibungslose Abwicklung wahrscheinlich. Hat der Dienstleister jedoch nicht an dieses Detail gedacht, läuft er häufiger ins Leere und hat es etwas schwerer, kooperative Informanten zu finden.

Abstimmung intern

Redakteure Projekte beginnen mit einem Starttreffen, neudeutsch dem Brie-
von Anfang an fing oder Kickoff-Meeting. Ein Produkt wird geplant, die neue
beteiligen Version eines am Markt etablierten Modells wird in Angriff genommen, oder irgendein anderes größeres Vorhaben bringt Mitarbeiter unterschiedlicher Abteilungen zusammen und vereint sie mehr oder weniger lose zu einem Projektteam. Theoretisch sollten auch die Autoren dazu gehören, ohne deren Texte ein Produkt nicht vermarktet werden kann.

Muss man externe Dienstleister hinzuziehen, eine PR-Agentur, einen Multimedia-Entwickler oder ein Redaktionsbüro für

technische Dokumentation, lädt man sie manchmal zum Projektbeginn mit ein. Anders sieht es häufig mit den eigenen Kräften
aus, die in diesen Bereichen arbeiten. Oft klagen Autoren, die bei
einem produzierenden Betrieb beschäftigt sind, dass ihre Anwesenheit zu einem so frühen Zeitpunkt nicht gewünscht ist. Man
holt sie erst später an Bord, wenn wesentliche Prozesse längst abgeschlossen sind.

Das Motiv von Projekt- und Unternehmensleitungen ist die
Differenz im Zeitaufwand: Das Schreiben geht schneller als die
Produktentwicklung. Nach dieser Sichtweise reicht es, wenn man
die Redakteure später hinzuzieht.

Darunter leidet aber die Recherche. Weder kann man die Mit-   Rechtzeitig
arbeiter anderer Abteilungen darauf einstellen, dass sie später für   planen
Interviews zur Verfügung stehen müssen, noch ist es den Redakteuren möglich, rechtzeitig mit der Informationsbeschaffung zu
beginnen. Es geht nur um die Vorbereitung, nicht um tatsächliche
Arbeit an den produktbegleitenden Texten. Später entstehen aus
dieser mangelhaften Planung dann Reibereien und Ärger: In den
entscheidenden Phasen eines Projektes will kaum jemand seine
Zeit im Interview mit einem Redakteur verplempern, der, weil er
zu spät hinzugezogen wurde, das Gespräch auch besser hätte vorbereiten können.

Wenn Sie für produktbegleitende Texte verantwortlich sind,
wirken Sie darauf hin, schon beim Projektstart mitzumachen. Ihr
Argument: effektiver recherchieren, bessere Zeitplanung, höhere
Qualität der Dokumente.

7.2 Recherchegespräch und Recht

Journalisten arbeiten unter besonderen Gegebenheiten. Sie können Rechte in Anspruch nehmen, die anderen Berufen verwehrt
bleiben; dafür werden ihnen auch Pflichten abverlangt, an denen
sie sich in ihrer Arbeit orientieren müssen. Verweigert man ihnen
diese Rechte, oder vernachlässigen sie ihre Pflichten, kann das zu
juristischen Auseinandersetzungen führen, bis hin zu einem Strafverfahren gegen den Rechercheur.

Mit diesem Thema ist nicht zu spaßen. In kritischen Fragen
wendet man sich deswegen an den Justiziar des Verlages, der Re-

daktion oder befragt einen Anwalt oder einen Kollegen mit juristischen Kenntnissen. Eine Hilfe sind die Gewerkschaften, der Deutsche Journalisten Verband und die Deutsche Journalisten Union in ver.di. Da hin und wieder neue oder veränderte Gesetze und Erlasse sich auf die Arbeit der Journalisten auswirken, ist eine ständige Beobachtung der Rechtslage unverzichtbar. Ein Grund mehr, Fachzeitschriften wenigstens querzulesen: Journalist, Medium Magazin und Message.

Geltungs-
bereich

Das Presserecht gilt nicht nur für den hauptberuflich tätigen Journalisten, es betrifft auch die Arbeit anderer Berufsgruppen, beispielsweise der Buchautoren. Anteil an der in Art. 5 des Grundgesetzes garantierten Pressefreiheit und den daraus resultierenden Rechten und Pflichten haben viele Autoren der schreibenden Zunft, in Film, Fernsehen und Rundfunk, Multimediaproduktion und Internetpublikationen. Wer in einem Randbereich oder jenseits des klassischen Journalismus recherchiert, muss sich juristisch beraten lassen, ob eine strittige Frage unter das Presserecht fällt.

Juristische Kernthemen, die sich auf jede Recherche, jedes Gespräch mit einem Informanten auswirken, sind

- Informantenschutz,
- Geheimnisverrat,
- Auskunftsanspruch gegenüber Behörden,
- Aufzeichnungen,
- Sorgfaltspflicht.

Informantenschutz

Kritisch:
Strafverfahren

Das A und O des Umganges mit Informanten: Wer mit einem Rechercheur zusammenarbeitet, muss sicher sein, dass ihm daraus kein Nachteil entsteht. Wenn diese Voraussetzung nicht erfüllt ist, wird es schwer, einen Gesprächspartner zu finden. Aus diesem Grund können sich Journalisten in Strafverfahren auf das Zeugnisverweigerungsrecht nach § 53 der Strafprozessordnung berufen.[2]

Doch mit dem Absatz 5 dieses Paragraphen sind nicht alle denkbaren Schwierigkeiten gelöst. Er nennt Ausnahmen des Zeugnisverweigerungsrechtes und, die Sache weiter komplizierend, räumt gleichzeitig auch davon wieder Ausnahmen ein.

---

2   Fechner, *Medienrecht*, S. 231 ff.

Im einzelnen: Das Recht auf Aussageverweigerung gilt unter bestimmten Bedingungen nicht – für Verbrechen, Landesverrat, Sexualstraftaten und Geldwäsche. In der juristischen Definition ist eine Straftat übrigens dann ein Verbrechen, wenn sie mit einer Freiheitsstrafe von mindestens einem Jahr bedroht ist.

Recht auf
Aussage-
verweigerung
eingeschränkt

Die einschränkenden Bedingungen sind, dass „die Erforschung des Sachverhalts oder die Ermittlung des Aufenthaltsortes des Beschuldigten auf andere Weise aussichtslos oder wesentlich erschwert wäre." Aussichtslos und wesentlich erschwert sind recht dehnbare Begriffe für eine Begrenzung des Zeugnisverweigerungsrechtes.

Die Komplizierung liegt in dem abschließenden Zugeständnis dieses Paragraphen, dass es auch zu der Einschränkung des Rechts wieder eine Ausnahme geben könne. Der Text im Original:

> Der Zeuge kann jedoch auch in diesen Fällen die Aussage verweigern, soweit sie zur Offenbarung der Person des Verfassers oder Einsenders von Beiträgen und Unterlagen oder des sonstigen Informanten oder der ihm im Hinblick auf seine Tätigkeit nach Absatz 1 Satz 1 Nr. 5 gemachten Mitteilungen oder deren Inhalts führen würde.

Die Aussageverweigerung ist möglich, allerdings nicht im Sinne eines Freibriefes. In einigen Fällen baut § 53 eine Brücke, die aber sollte kein Journalist im Ernstfall ohne juristischen Geleitschutz passieren.

Damit wäre der Informantenschutz leidlich zu gewährleisten, gäbe es nicht den fatalen Hang der mit Sicherheitsangelegenheiten beauftragten Behörden, die ihrerseits betriebenen Recherchen kreativ auszudehnen. Was nutzt es, wenn der Journalist keine Daten weitergibt, aber die Behörden jedes Detail mitbekommen, weil sie sein Telefon abhören. Dabei erfahren sie unter anderem den Aufenthaltsort des Informanten, der prompt inhaftiert wird.

Telefon-
überwachung

Zwei prominente Fälle wurden vom Bundesverfassungsgericht entschieden: Die polizeiliche Auswertung derjenigen Telefondaten war zulässig, die zur Festnahme des gesuchten Frankfurter Immobilienmaklers Jürgen Schneider wie des unter Mordverdacht stehenden mutmaßlichen Terroristen Hans-Joachim Klein

Die Fälle
Schneider und
Klein

geführt hatten. Beide hatten mit Journalisten telefoniert, über deren Anschlüsse sie schließlich ausfindig gemacht werden konnten.[3]

Einzelfälle? Sicher, wenn man den Rechtsweg berücksichtigt; eher nicht, wenn man die weniger spektakulären Möglichkeiten anschaut, die sich im Umfeld jeder polizeilichen Maßnahme leicht ergeben können. Aus einem Interview des Medium Magazin mit dem Fernsehjournalisten Christoph Maria Fröhder:

Frage: „Herr Fröhder, sind Sie eigentlich schon mal abgehört worden?"

Antwort: „Ja, mir wurde das von einigen Polizeibeamten gesteckt. Ich habe aber nie eine Benachrichtigung erhalten, wie sie nach dem G-10-Gesetz eigentlich vorgeschrieben wäre. Ganz sicher wurde ich illegal abgehört, als ich den Fall Werner Mauss recherchierte."[4]

Hausdurchsuchung

Zu einem weiteren Streitpunkt können Hausdurchsuchungen werden, Beschlagnahme des recherchierten Materials inklusive. Zur Rechtslage:

Redaktionsräume dürfen nur auf richterliche Anordnung durchsucht werden. Das gilt grundsätzlich auch für die Privatwohnung des Journalisten. Nur wenn ausnahmsweise „Gefahr im Verzug" besteht, kann die Durchsuchung der Wohnung auch durch Staatsanwaltschaft oder Polizei angeordnet werden.

In der Durchsuchungsanordnung muss der gesuchte Gegenstand (Schriftstück, Datei, Foto) konkret bezeichnet werden. Der betroffene Journalist muss die Möglichkeit haben, das Beweismittel herauszugeben, ohne dass ihm die Bude auf den Kopf gestellt wird. Dies wird in der Praxis häufig nicht beachtet. Dagegen hilft dann nur hartnäckiges Bestehen auf dem Recht und eventuell anwaltlicher Beistand.

Die Rechtmäßigkeit der Durchsuchung kann nachträglich überprüft werden. Dazu wird in der Regel ein Rechtsanwalt – Fachanwalt für Strafrecht – hinzuzuziehen sein.

---

3   Vgl. Karepin, *Lauschangriff.*
4   Lilienthal, *Sprachlos,* S. 40.

Nach § 97 der Strafprozessordnung ist es nur dann zulässig, Material in Redaktionsräumen und bei Journalisten zu beschlagnahmen, wenn der Verdacht auf eine Beteiligung des Journalisten an strafbaren Handlungen besteht.

Schriftliche Unterlagen, Dateien, Fotos, Filme dürfen nur vom Staatsanwalt durchgesehen werden. Nur auf dessen Anordnung oder mit Zustimmung des Betroffenen darf dies auch die Polizei.

> Bei Hausdurchsuchung und Beschlagnahme bestehen Sie darauf, dass Datenträger, Fotos und Dokumente in einem Umschlag verpackt und versiegelt werden, wenn die Staatsanwaltschaft die Durchsicht durch die Polizei nicht angeordnet hat.

Der Pferdefuß ist, dass die durchsuchenden Beamten nichts in Umschläge stecken, ohne einen Blick darauf zu werfen. Der Schutz des Informanten kann schwierig werden. Wer sich überdies mit den technischen Möglichkeiten nachrichtendienstlicher Ermittlungen beschäftigt, sieht schnell hinter jedem Busch einen sonnenbebrillten Schlapphutträger sitzen, der mitlauscht. Jenseits der Bekämpfung von Schwerstkriminalität und Spionage: Einige dieser Instrumente nutzen in kleinerem Maß schon Privatdetektive, die vielleicht im Auftrag eines Arbeitgebers ermitteln.[5]

Kenntnisnahme bei der Durchsuchung

Private und öffentliche Ermittler

Unter diesen Bedingungen ist es unmöglich, den Schutz eines Informanten tatsächlich zu garantieren. Um Missverständnissen vorzubeugen:

> Weder sollen Straftäter vor der Strafverfolgung geschützt, noch darf die Arbeit von Polizei und Justiz behindert werden; es geht ausschließlich darum, die Aufgabe des Journalisten trennscharf von der des Polizisten abzugrenzen.

Und dieses Ansinnen ist nicht völlig aussichtslos, wenn man einige Vorsichtsmaßnahmen berücksichtigt. Sinnvoll ist es, die allgemeine Vorsorge von solcher zu unterscheiden, die der Situation angemessen ist.

---

5 Eine Quelle für Informationen zu diesem Thema sind die Arbeiten von Christiane Schulzki-Haddouti, www.schulzki-haddouti.de. Sie erscheinen in der c't und zum Teil in der Internet-Zeitschrift Telepolis, die auch andere Autoren zu diesem Thema zu Wort kommen lässt: www.heise.de/tp/. Zur nicht-überwachten Kommunikation siehe auch: https://privacybox.de/ sowie die German Privacy Foundation e.V., http://www.privacyfoundation.de/.

Allgemeine Vorsorge

BDSG   Den Umgang mit personenbezogenen Daten regelt das Bundes-
datenschutzgesetz. Es untersagt, solche Daten „unbefugt zu erheben, zu verarbeiten oder zu nutzen." Journalistische Recherche
ohne Arbeit mit diesen Daten wäre allerdings undenkbar. Die Informationsbeschaffung fördert teilweise sensibelste Fakten über
Personen hervor, die den Rechercheur keineswegs dazu befugt
haben. Pressefreiheit und Datenschutz oder das Recht auf informationelle Selbstbestimmung könnten in Konflikt miteinander
geraten.

Datenschutz in   Deswegen gilt für die Medien eine Sonderregelung, die Selbst-
Selbstkontrolle   kontrolle. Sie soll garantieren, dass Daten wohl beschafft und archiviert werden dürfen, sie aber nur den Personen zur Verfügung
stehen, die in einer Redaktion mit ihrer Verwertung beauftragt
sind. Das Organ dieser Kontrolle ist für Printmedien der Deutsche Presserat; Funk- und Fernsehanstalten haben ihre eigenen
Lösungen.

Ein Leitfaden zur Umsetzung im Printbereich ist unter der
Internetadresse des Rates erhältlich. [6] Ausdrücklich einbezogen
sind auch die „Werks-, Kunden- und Mitgliederzeitungen"; [7] man
kann mit Recht von einer weitreichenden redaktionellen Initiative für den Schutz persönlicher Daten sprechen. Ob als Selbständiger oder Angestellter, unabhängig davon, ob der Arbeitgeber
sich an den Empfehlungen des Presserates orientiert oder nicht:
Jeder Profi sollte prüfen, ob sein Arbeitsplatz und auch seine Ar-
beitsweise diesen Mindestanforderungen des Datenschutzes entsprechen.

Rechner,   Ein wichtiger Aspekt ist die EDV-Umgebung, bei manchen
Netze   Betriebssystemen offen wie ein Scheunentor für ungebetene
Gäste. Datenschutz heißt: Ein System muss so beschaffen sein,
dass Unbefugte personenbezogene Daten weder einsehen noch
ändern oder löschen können. Ob Archivierung, Datenbank, Text-
verarbeitung, Redaktions- oder Publishingsystem: Daten dürfen
nur dem Rechercheur zugänglich sein. Bei Arbeiten für einen externen Auftraggeber muss sichergestellt sein, dass sie nicht an andere weitergegeben werden. Jeder Zugriff muss – wie in Profida-
tenbanken üblich – protokolliert werden.

---

6   http://www.presserat.info/
7   Deutscher Presserat, *Datenschutz*, S.7.

Auch ein sicheres Schloss kann vom geübten Einbrecher ge-
knackt werden, absoluter Schutz ist unmöglich. Man kann es
dem Übeltäter aber beträchtlich erschweren. Ein Beispiel: Dieses
Buch entsteht auf einem Rechner, der mit Mac OS X arbeitet –
einem Betriebssystem, das schon im Standardmodus die persönlichen Daten schützt. Wer will, kann darüber hinaus den System-
start – das Booten – durch ein Passwort sichern. Weil selbst diese
Vorkehrungen noch zu überwinden sind, werden ganz Vorsichtige
den Datendieb mit zusätzlichen Verschlüsselungsalgorithmen zur
Verzweiflung bringen.

    Um Ihre Daten auf dem Rechner oder Laptop zu sichern, in-
formieren Sie sich über gängige Verschlüsselungssoftware und
andere Sicherheitsmaßnahmen. Prüfen Sie auch in regelmäßigen
Abständen, ob Ihre Sicherheitsmaßnahmen noch dem neuesten
Stand der Technik entsprechen. Sicherungen wie Firewall, Viren-
software und Verschlüsselungssoftware für die Festplatte, die heute noch aktuell sind, können morgen schon veraltet sein. Vergessen Sie beim Datenschutz auch Ihr Handy nicht: Was nützen aus-
gefeilte Sicherheitsmaßnahmen für Ihren Laptop, wenn Sie beim
Handy jegliche Vorsicht fahren lassen? Auch für SMS-Nachrich-
ten und andere gespeicherte Handydaten gibt es passende Verschlüsselungssoftware. Außerdem sollten Sie alle verfügbaren Sicherheitsmaßnahmen für das Handy oder Smartphone (z.B. Vi-
renschutz, Updates des Betriebssystems) nutzen. Wenn Sie viele
vertrauliche Interviews über Ihr Handy führen, sorgen Sie auch
für eine Verschlüsselung der Telefongespräche.

    Datenübertragung, Internet, Telefonie: Überall hinterlässt
man Spuren. Oft wertet jemand diese Daten aus und zieht daraus Schlüsse, auf die der Verursacher nie gekommen wäre. Die
ausführlichen Log-Files einer Internetsite geben dem Betreiber
Informationen darüber, wer über welchen Weg dorthin gefunden
hat, wie lange welche Seite angeschaut wurde und vieles andere mehr. Polizei und Nachrichtendienste können ohne Schwierigkeiten ein ausführliches Profil des Telekommunikationsverhal-
tens anlegen. Sollen sie ruhig, es ist ja normalerweise kein Problem. Die Gefahr entsteht ausschließlich dadurch, dass Verhaltensweisen automatisiert werden und man sich nicht von ihnen
trennt, wenn der Schutz des Informanten die höchste Aufmerksamkeit verlangt. Eine falsche E-Mail, ein leichtsinniges Telefonat, und die Lauscher im Netz können den Adressaten ausfindig
machen.

Anforderungen an das System

Verschlüsseln

Spuren im Netz

Dabei gibt es auch im Internet ausreichend Möglichkeiten, sich vor Datendiebstahl und Ausspähung zu schützen: E-Mails können Sie verschlüsseln oder mit einer digitalen Signatur versehen. Wenn Sie sich in Chatrooms oder sozialen Netzwerken bewegen, prüfen Sie vorher, wie sicher die zugehörige Software ist: Öffnen Sie hier Unbefugten Tür und Tor?

Kleine Übungen zur rechten Zeit

Ein bisschen spielen, mal sehen, wie es im Internet-Café funktioniert, manchmal so tun, als müssten Wege verdeckt werden, das ist kein Anzeichen beginnender Paranoia. Es schärft die Wachsamkeit und übt den Umgang mit den alltäglichen Techniken unter Bedingungen, die nur sehr selten wirklich nötig sind. Dann aber muss es klappen.

Einzelfälle

Um seine Informanten angemessen schützen zu können, teilt man jeden in eine von mehreren Kategorien ein. Drei Stufen werden meist ausreichen:
1 Höchst gefährdet.
2 Besondere Aufmerksamkeit angemessen.
3 Kein Sicherheitsproblem.
Wie viele Gesprächspartner den Aufwand rechtfertigen, sie in die oberste Gefährdungsstufe zu platzieren, hängt vom Arbeitsgebiet des Rechercheurs ab. Auslandskorrespondenten, die in den Grenzen eines totalitären Regimes oder in Bürgerkriegsgebieten recherchieren, kommen auf andere Verteilungen als der Redakteur einer Computerzeitschrift. Dieser trifft vielleicht nur einmal in fünf Jahren jemanden, der des besonderen Schutzes bedarf, weil er sich um Kopf und Kragen zu reden droht.

1. Stufe

Stammen die Informanten aus einem schwer kriminellen Milieu, sitzen ihnen private oder öffentliche Ermittler im Genick oder sind sonst üble Konsequenzen zu befürchten, muss man sich etwas einfallen lassen.

Vorsicht mit elektronischer Kontaktaufnahme, keine E-Mail, kein Telefon. Auf jeden Fall nicht das eigene Handy verwenden, besser unbekannte Geräte, die der Rechercheur und seine Kollegen sonst niemals nutzen. Treffen im öffentlichen Raum, mitten im Trubel oder an Orten, die der andere kontrolliert. Rechercheergebnisse sicher bunkern, nur unbedeutender Kleinkram darf im eigenen Büro bleiben: Mitschriften, Aufzeichnungen, Fotos und Unterlagen sofort auslagern, ein kleines Netz aufbauen, in dem dieses Material für Außenstehende unnachvollziehbar verschwindet.

Auf Rechnern nichts ohne Verschlüsselung, deren Tauglichkeit muss ein Fachmann untersuchen. [8] Passwörter nicht herumliegen lassen. Man findet noch immer PINs und Zugangscodes auf den Rückseiten von Tastaturen, eine Einladung zum Datendiebstahl.

Besondere Aufmerksamkeit für einen Informanten heißt, dass man sich streng an die Vorgaben des Datenschutzes hält und noch etwas darüber hinausgeht. Materialien, Interviews, Bänder und Briefwechsel sind in einem Schließfach gesichert. Das schützt nicht nur den Informanten, es konserviert auch gelegentlich unwiederbringliche Dokumente, zum Beispiel Interviews mit Künstlern und anderen Prominenten oder Personen der Zeitgeschichte.

2. Stufe

Auf dieser Ebene ist der Schriftverkehr mit Gelber Post angemessener als mit E-Mail, die von weniger erfahrenen Nutzern nur schwer vor dem mitlesenden Unbefugten geschützt werden kann. Telefonate nur nach Absprache, selten mit dem Anschluss am Arbeitsplatz. Treffen oft in einem Raum, den der Rechercheur bestimmt. Nach Abschluss der Informationsbeschaffung werden die Ergebnisse dauerhaft sicher eingelagert.

Über neunzig Prozent unserer Recherchegespräche fallen in die dritte Kategorie. Kein Problem, niemandem kann Schaden zugefügt werden, dennoch liegt das Material nicht offen herum. Wer sich Zugang verschaffen wollte, müsste sich strafbar machen. Das reicht als Informantenschutz für den Alltag.

3. Stufe – das typische Interview

Geheimnisverrat

Journalisten dürfen nicht alles recherchieren und vor allem dürfen sie nicht alles veröffentlichen, selbst wenn es der Wahrheit entspräche. Grund für diese Einschränkung ist, dass vieles unter dem Siegel des Geheimnisses vor der Weitergabe geschützt ist. Mindestens drei Gesetze drohen mit Konsequenzen für den Rechercheur, wenn er seinen Informanten durch Tricks, Drohungen oder Bezahlung zur Weitergabe von Geheimnissen veranlasst, die vom Gesetz geschützt sind:

Erzählen verboten

• § 203   Strafgesetzbuch: Verletzung von Privatgeheimnissen

---

8   Eine verständlich geschriebene Einführung in dieses Thema ist das Buch von Kippenhahn, *Verschlüsselte Botschaften.*

- § 353 b   Strafgesetzbuch: Verletzung des Dienstgeheimnisses und einer besonderen Geheimhaltungspflicht
- § 17   Gesetz gegen den unlauteren Wettbewerb

Schutz der Privatsphäre Den genauen Wortlaut kann sich jeder Interessent aus dem Internet herunterladen. Einiges versteht sich von selbst. Der Schutz der Privatsphäre, der privaten Geheimnisse, ist völlig unproblematisch bei Menschen, die nicht von öffentlichem Interesse sind. Jede Recherche verbietet sich, Medienberichte könnten – mindestens – zu zivilrechtlichen Konsequenzen führen.

Behörden Firmen Am ehesten sind Schwierigkeiten zu erwarten, wenn Informationen aus dem Öffentlichen Dienst und Unternehmen beschafft werden.[9] Dafür sind zwei Aspekte der Rechtsbestimmungen über den Geheimnisschutz bedeutend, zwei Fragen:

1 Könnte man mir vorwerfen, dass ich den Informanten dazu bewege, Geheimnisse zu verraten, die gesetzlich besonders geschützt sind?
2 Erhalte ich im Interview Informationen, deren Veröffentlichung als Rechtsverstoß im Sinne der genannten Gesetze interpretiert werden kann?

Wörtliche Zitate von Mitarbeitern über Angelegenheiten aus ihrem dienstlichen Umfeld, Namen, Fakten, wörtliche Zitate aus Akten und Protokollen, die als Verschlusssachen behandelt werden, dies alles kann unter restriktiver Auslegung der Gesetze zu Strafverfahren führen.

Absichern DIE Lösung, jeden Ärger zu vermeiden, gibt es nicht. Ist vorauszusehen, dass der Informant heikle Interna preisgeben wird, kann man das Gespräch zu zweit führen. Dies ist eine gute Lösung vor allem für Berufsanfänger. Erfahrene Rechercheure ziehen manchmal das Interview ohne Zeugen vor. Entscheidend ist ja selten, **dass** man von einem Geheimnis **erfährt.** Kritisch wird es, wenn man es **weitergibt** – die Veröffentlichung:

 Wenigstens vor der Publikation eines Textes, der unter dem Aspekt des Geheimnisverrats gewertet werden könnte, lohnt sich die Rückfrage bei einem Juristen.

---

9   Damit ist die Rechtslage nur bezüglich der Recherchegespräche angerissen. Die Veröffentlichung, gedruckt, als Audio oder Video kann gegen weitere Gesetze verstoßen: §§ 94, 95, 97 – Landesverrat (Spiegel-Affäre), §§ 186, 187 – üble Nachrede, Verleumdung, § 201 – Verletzung der Vertraulichkeit des Wortes, § 353d – verbotene Mitteilung über Gerichtsverhandlungen (u.a. Mitteilung der Anklageschrift im Wortlaut).

Auskunftsanspruch gegenüber Behörden

Nur wenige Einschränkungen begrenzen die in den Landespres-   Pflicht zur
segesetzen geregelte Pflicht der Behörden, Journalisten auf ihre   Auskunft
Anfragen Auskunft zu erteilen. Dieses Thema ist in den Fachzeitschriften ein Dauerbrenner.[10] Die Paragraphen aus zwei Presse-
gesetzen als Beispiel:[11]

Niedersächsisches Pressegesetz

§ 4 Informationsrecht der Presse.

(1) Die Behörden sind verpflichtet, den Vertretern der Presse die der Er-
füllung ihrer öffentlichen Aufgabe dienenden Auskünfte zu erteilen.

(2) Auskünfte können verweigert werden, soweit
1. durch sie die sachgemäße Durchführung eines schwebenden
   Verfahrens vereitelt, erschwert, verzögert oder gefährdet werden
   könnte oder
2. ihnen Vorschriften über die Geheimhaltung entgegenstehen oder
3. sie ein überwiegendes öffentliches oder ein schutzwürdiges pri-
   vates Interesse verletzen würden oder
4. ihr Umfang das zumutbare Maß überschreitet.

(3) Allgemeine Anordnungen, die einer Behörde Auskünfte an die Presse verbieten, sind unzulässig.

(4) Der Verleger einer Zeitung oder Zeitschrift kann von den Behörden
verlangen, dass ihm deren amtliche Bekanntmachungen nicht später
als seinen Mitbewerbern zur Verwendung zugeleitet werden.

Bayerisches Pressegesetz

§ 4 [Informationsrecht der Presse].

(1) Die Presse hat gegenüber Behörden ein Recht auf Auskunft. Sie kann
es nur durch Redakteure oder andere von ihnen genügend ausgewie-
sene Mitarbeiter von Zeitungen oder Zeitschriften ausüben.

---

10 Vgl. Reichstein, *Schweigen,* Journalist
    Braun, *Recherche,* Medium Magazin
    Wanckel, *Villa,* Message
11 Im Internet zum Beispiel unter http://www.presserecht.de/

(2) Das Recht auf Auskunft kann nur gegenüber dem Behördenleiter und den von ihm Beauftragten geltend gemacht werden. Die Auskunft darf nur verweigert werden, soweit auf Grund beamtenrechtlicher oder sonstiger gesetzlicher Vorschriften eine Verschwiegenheitspflicht besteht.

Unter dem Gesichtspunkt des Führens von Recherchegesprächen sind vier Missverständnisse der Rechtslage häufig die Ursache von Irritationen:

Nur Auskunft 1. Es gibt kein Recht auf ein Interview, das auch gedruckt oder gesendet werden kann. Nur die mündliche oder telefonische Auskunft, das eigentliche Recherchegespräch, fällt unter das Auskunftsrecht der Medien. Manchmal ist auch eine schriftliche Antwort möglich, sie muss allerdings in angemessener Zeit vorliegen.

Verwaltung, nicht der Beamte 2. Die Behörde ist zur Auskunft verpflichtet, nicht aber jeder dort tätige Beamte oder Angestellte. Der Anspruch besteht also gegenüber dem Leiter eines Amtes oder seinem Pressesprecher, nicht aber gegenüber den einzelnen Beamten oder Mitarbeitern. Der Polizeibeamte im Einsatz wird den gezückten Presseausweis zur Kenntnis nehmen und den Journalisten an die Polizei-Pressestelle verweisen.

Informanten aus Behörden 3. Gelingt es dem Rechercheur, Mitarbeiter, die nicht zu einem Kontakt mit der Presse autorisiert sind, für ein Gespräch zu gewinnen, müssen Informanten und Informationen besonders geschützt werden. Vorsicht vor der Gefahr, wegen einer Verletzung von Dienstgeheimnissen mit dem § 353 b StGB in Konflikt zu geraten.

Nur sanfter Druck 4. Die Drohung mit der Keule, die Information auf dem Rechtsweg zu erzwingen, sollte das letzte Mittel bleiben. Mit nachhaltiger Freundlichkeit und Auskunft über die eigene Arbeit öffnen sich viele Türen ohne großen Aufwand. Selbstauskunft und Legitimation erwarten einige Behörden, Grundbuchämter zum Beispiel. Sie wollen einen nachvollziehbaren Grund erkennen, aus dem die Recherche Einsicht in das Grundbuch erfordert.

Aufzeichnungen

Nur mit offenem Visier Verdeckte elektronische Aufzeichnungen sind nach § 201 StGB strafbar. Das gilt auch für Telefongespräche.

Der Informant muss ausdrücklich zustimmen, damit die Aufnahme legal ist. Diese Zustimmung sollte zu den ersten Sätzen des Interviews gehören.

„Nur in extremen Ausnahmefällen kann Mitschneiden erlaubt sein, wenn

• Informationen über Missstände vor ganz erheblicher Bedeutung nicht auf andere Art und Weise dokumentiert werden können und

• diese Informationen von außerordentlichem, überragend hohem öffentlichen Interesse sind." [12]

Keine verdeckte Aufnahme ohne Zustimmung eines Juristen, der die Sachlage geprüft hat.

Die bessere Lösung ist ein Zeuge, der sofort im Anschluss an das Interview ein Protokoll schreibt. Auch Telefongespräche mit Pressesprechern und anderen, die wissen, worauf sie sich einlassen, darf der Kollege über Lautsprecher mithören, ohne dass man den Informanten darauf aufmerksam macht.

Was für Aufzeichnungen gilt, gilt auch für die Kommunikation über das Internet. Wenn Sie eine Web-Konferenz mitschneiden oder eine Kommunikation über Instant Messaging in einer Datei sichern, müssen Sie sich das Einverständnis Ihres Gesprächspartners einholen. Die einfachen technischen Möglichkeiten zur Aufzeichnung sind verführerisch – aber das ist kein Freibrief zu ihrer unerlaubten Nutzung.

Sorgfaltspflicht

Ob ausdrücklich im Landespressegesetz erwähnt oder nicht, sind Journalisten dazu verpflichtet, gewissenhaft zu recherchieren. Ein Beispiel:

Gesetz über die Presse (Baden-Württemberg)

§ 6 Sorgfaltspflicht der Presse.

Die Presse hat alle Nachrichten vor ihrer Verbreitung mit der nach den Umständen gebotenen Sorgfalt auf Wahrheit, Inhalt und Her-

---

12 Schmuck, *Presserecht,* S. 160.

kunft zu prüfen. Die Verpflichtung, Druckwerke von strafbarem Inhalt freizuhalten oder Druckwerke strafbaren Inhalts nicht zu verbreiten (§ 20 Abs. 2), bleibt unberührt.

Gegenprüfen Was genau unter der nach den Umständen gebotenen Sorgfalt zu verstehen ist, bleibt vage. Eine schlampige Recherche, die Lüge oder Unwahrheit führt nicht zwangsläufig zu Konsequenzen. „Eine unwahre Berichterstattung kann allerdings aus anderen Rechtsvorschriften nachteilige Folgen für die Presse nach sich ziehen, beispielsweise aufgrund der Schadenersatz- und Geldentschädigungsansprüche des Bürgerlichen Rechts."[13] Verlangt ist, dass der Autor, gemessen an der möglichen Wirkung seiner Arbeit, die Quellen genügend kritisch einschätzt und die Informationen ausreichend gegengeprüft hat. „Je bedeutsamer eine Falschberichterstattung für den Betroffenen sein könnte, desto höher sind die Anforderungen an die Recherche. Vor der Berichterstattung über die Pleite eines Bankhauses als Titelgeschichte ist somit ein wesentlich größerer Rechercheaufwand zu betreiben, als bei einer Ankündigung des Sommerausflugs der Kirchengemeinde."[14]

Technik-redaktion Spezielle Anforderungen an die Sorgfaltspflicht gelten für den Technikredakteur. Das Ergebnis seiner Arbeit soll die fehlerfreie technische Dokumentation eines Produkts sein. Enthält sie dennoch Fehler, ist das produzierende Unternehmen, eventuell auch der Technikredakteur als Dienstleister oder Angestellter, unter Umständen schadenersatzpflichtig. Ein Technikredakteur sollte also Informationen aus Interviews sorgfältig prüfen, indem er in Zweifelsfällen weitere Experten oder zusätzliches Material zu Rate zieht. Zusätzlich sollte ein Technikredakteur einen guten Überblick über die wichtigsten rechtlichen Anforderungen an

Werbung Produktdokumentation haben.[15]

Nicht viel anders verlangt die Rechtsprechung höchste Sorgfalt bei der Gestaltung von Werbematerialien. Falsche Angaben, Maße, Verbrauchsdaten können zu Regressansprüchen führen und wirtschaftliche Schäden beim Hersteller verursachen.

---

13 Fechner, *Medienrecht*, S. 251 f.
14 Wankel, *Suche*.
15 Für diese Berufsgruppe sind aktuelle Informationen über die rechtliche Entwicklung unverzichtbar. Informationen bietet die Tekom, der deutsche Fachverband für Technische Kommunikation und Informationsentwicklung. Im Web-Forum diskutiert der Jurist des Verbandes, Jens-Uwe Heuer, die aktuelle Rechtslage: www.tekom.de

7.3 Recherchegespräch und Medienethik

Die Diskussion über eine Ethik der Medien fasst zusammen, was einzelne für moralisch vertretbar halten, welches Verhalten sie ablehnen und wo sie kritische Grenzbereiche sehen. Ethik ist der Versuch, Moralvorstellungen zu systematisieren.

Ethik
Moral
Verantwortung

Wenn man eine Handlungsweise als moralisch vertretbar einschätzt, dann kann man sie verantworten. *Verantwortung* und *verantwortbar* sind zentrale Begriffe ethischer Überlegungen.

Medienethik ist beides, ein Prozess, in dem es darum geht, Positionen für die Medienschaffenden als Berufsgruppe zu finden und gleichzeitig jedem einzelnen eine Reling für das eigene Handeln zu bieten. Journalisten und PR-Profis haben solche Leitlinien formuliert und auch Kontrollorgane geschaffen, die Verstöße gegen diese ethischen Grundlagen missbilligen und Rügen aussprechen können:

Maximen in
ständiger
Überarbeitung
und Anpassung

- den Pressekodex und den Deutschen Presserat[16] sowie
- den Europäischen Kodex der Verhaltensgrundsätze in der Öffentlichkeitsarbeit[17] und den Deutschen Rat für Public Relations.

Für die Technikredaktion gibt es derzeit noch keine vergleichbaren ethischen Standards.[18]

Über den Umgang mit Opfern

Der Pressekodex verlangt einen rücksichtsvollen und verantwortbaren Umgang mit den Opfern von Gewalt und Unglück. Die Wahrung der Menschenwürde und die Anwendung lauterer Methoden sind ausdrücklich erwähnt:

1. Die Achtung vor der Wahrheit, die Wahrung der Menschenwürde und die wahrhaftige Unterrichtung der Öffentlichkeit sind oberste Gebote der Presse.

4. Bei der Beschaffung von personenbezogenen Daten, Nachrichten, Informationen und Bildern dürfen keine unlauteren Methoden angewandt werden.

---

16 http://www.presserat.de/
17 http://www.drpr-online.de/upload/downloads_26uol_file/CodeDeLisbonne. pdf – Ausführlich in Avenarius, *Normen*.
18 Vgl. Baumert, *Ethik in der Redaktion*.

Wie sieht die Realität aus, wann wird die Menschenwürde verletzt, was sind unlautere Methoden? Drei Daten stehen stellvertretend für viele kleine Widerwärtigkeiten, die das Ansehen recherchierender Journalisten nicht unbedingt mehren: 29. Mai 1985, 25. Juli 2000, 26. April 2002.

Heysel-Stadion

- Als am 29. Mai bei einem Fußballspiel zwischen Juventus Turin und dem FC Liverpool 38 Menschen zu Tode getrampelt oder gequetscht werden, hält die Kamera drauf: schmerzverzerrte Gesichter, Angst, Todeskandidaten. Bilder, die nie wieder aus dem Hirn verschwinden.

Concorde

- Kein Ruhmesblatt für die Presse ist auch das Verhalten einiger Blätter nach dem Absturz des Überschallflugzeugs im Juli 2000. Ohne Rücksicht auf die Angehörigen wurden Details über die Opfer veröffentlicht, aggressive Recherche bei denen, die Trost und Verständnis verdient hätten. Aus dem Brief eines Betroffenen, der selber Journalist ist:

Invasive Recherche

„Journalisten, die gegenüber einer offensichtlich verstörten älteren Dame mit dem Journalistenausweis wedeln und behaupten, sie kämen ‚von der Behörde‘ und müssten ein Bild des Verstorbenen abholen. ... Wenn die Überraschungstaktik nicht klappt, werden alle Register gezogen, von der vermeintlichen Verpflichtung gegenüber der Öffentlichkeit bis zum Versuch, elegant in das Haus/die Wohnung zu schlüpfen. An der eigentlichen Adresse abgeblitzt, werden alle Nachbarn herausgeklingelt und belästigt, um doch noch irgendein Statement oder das gesuchte Bild abzugreifen. Zwei Worte nur für dieses Tun: würdelos und ekelhaft."[19]

Erfurt

- Schließlich das Massaker, dem in einer Schule 17 Menschen zum Opfer gefallen sind. Eine Invasion von Rechercheuren folgte, die keinen Raum mehr ließ für Gefühle, Schock und Schmerz der indirekten Opfer. „‚Habt ihr schon gehört?‘, fragt der Kameramann, ‚eine MDR-Redakteurin hat heute einen Stein an den Kopf gekriegt – Schüler haben den geworfen, die haben einen unglaublichen Hass auf alles, was eine Kamera dabei hat!'"[20]

*Der **Wert** einer Katastrophe*

Prominente Beispiele für eine Praxis, die Opfer und/oder Angehörige nicht verschont hat. Weder wurde die Menschenwürde gewahrt, noch sind diese Methoden guten Gewissens als lauter zu

---

19 *Journalist* 9 (2000), S. 30.
20 Bernd, *Pietätlos.*

bezeichnen. „Bei uns geht der Volontär zum Witwenschütteln",
sagt ein Lokalredakteur. Verkehrsunfälle und andere Schicksals-
schläge aus der Region geben eben keinen Aufmacher. Da schickt
man einen Redakteur in Ausbildung.

Was den ethischen Diskurs, das eindeutige Verwerfen er- *Mitspieler*
schwert, sind die vielen Beteiligten. Es ist eine geteilte Verantwortung, die neben dem Journalisten auch die Redaktion, die
Redaktionspolitik, den Verleger und letztlich den Mediennutzer
sieht.[21] Genügend Kunden wollen solche Bilder, wollen sich an
den Details ergötzen. Und der Kunde ist König.

Man wird es also nicht abstellen können. Geholfen wäre
schon, wenn Rechercheure, die diese Aufgaben übernehmen, dafür ausgebildet wären und den Schaden sehen, den sie anrichten
können.[22]

Über den Umgang mit Tätern

Was geschieht, wenn ein Rechercheur von der Vorbereitung einer *Grenzen der*
Handlung erfährt, die zu beträchtlichen Schäden führen wird? *Vertraulichkeit*
Der Pressekodex:

6. Jede in der Presse tätige Person wahrt das Ansehen und die Glaubwürdigkeit der Medien sowie das Berufsgeheimnis, macht vom Zeugnisverweigerungsrecht Gebrauch und gibt Informanten ohne deren
   ausdrückliche Zustimmung nicht preis.

Wo endet der Informantenschutz? Das zweite Problem, auf das es
keine immer gültige Antwort gibt. Es ist eine Frage der Medienethik, die weniger im Kerngeschäft der Presse entsteht. Denn
dort sind Rechercheure, die kleine und große Kriminelle interviewen, darauf vorbereitet, etwas zu erfahren, das sie in Gewis-
sensnöte bringen könnte. Sie können sich mit Kollegen und Juristen absprechen und ihr Verhalten festlegen. Zudem räumt der
Pressekodex unter 5.1 ein:

Vertraulichkeit kann nur dann nicht bindend sein, wenn die Informa- *Ende des*
tion ein Verbrechen betrifft und die Pflicht zur Anzeige besteht. Ver- *Informanten-*
traulichkeit muss nicht gewahrt werden, wenn bei sorgfältiger Güter- *schutzes*
und Interessenabwägung gewichtige staatspolitische Gründe über-

---

21 Vgl. Funiok, *Medienethik*.
22 Vgl. „Gesprächspartner" auf Seite 112.

wiegen, insbesondere wenn die verfassungsmäßige Ordnung berührt oder gefährdet ist.

Sogar Journalisten, die bei Behörden beschäftigt sind, in Presseabteilungen oder an Hochschulen, geraten kaum in solche Schwierigkeiten. Von ihnen verlangt der Pressekodex, dass sie auf „strikte Trennung" der Funktionen achten. Sie dürfen demzufolge ein solches Recherchegespräch nicht als Angehöriger der Presse führen, müssen sich als Beamte oder Angestellte des Öffentlichen Dienstes zu erkennen geben.

Firmen-publikation Kritisch ist dieses Thema vor allem für die innerbetrieblichen Rechercheure von Betriebszeitungen, für PR-Leute und besonders die Technikredakteure. Wie verhält man sich, wenn man beobachtet, dass der Informant dem gemeinsamen Auftraggeber Schaden zufügt? Wissentlich schlampig arbeiten, Material entwenden, gegenüber Kunden die eigene Firma in den Schmutz ziehen – alltägliches Fehlverhalten, von denen Redakteure im Betrieb erfahren. Der Schutz des Informanten bedeutet in diesem Fall Illoyalität gegenüber dem Arbeitgeber. Weitergabe der Informationen ruiniert die Kommunikationsstruktur und verstößt gegen eine Grundregel des Umganges mit Informanten.

Die ethische Maxime des verantwortlichen Handelns verlangt Entscheidungen, die moralisch gerechtfertigt und falsch gleichzeitig sein können. Von den Folgen erfährt der Rechercheur oft erst nach Wochen oder Monaten.

Gar nicht zulässig ist ein bloßes Kopieren von Informationen aus der Feder anderer Autoren ohne deren Einverständnis. Das ist Plagiarismus und führt im besten Fall „nur" zu Ärger mit dem betroffenen Kollegen; im schlechtesten Fall kann das zu einer Anzeige und einer strafrechtlichen Verfolgung wegen Bruch des Urheberrechts führen.

Lug und Trug

Kunden über den Tisch ziehen Eine Frage der Medienethik, die sich jenseits der Presse stellt. Journalisten sind durch ihren Kodex verpflichtet, wahrheitsgemäß zu berichten. Auch die in der Deutschen Public Relations Gesellschaft organisierten PR-Leute verpflichten sich, „keine Äußerungen und Informationen" zu verwenden, „die nach ihrem Wissen oder Erachten falsch oder irreführend sind."[23]

---

23 Avenarius, *Normen*, S. 33.

Doch wie geht man in Firmenpublikationen tatsächlich mit der
Wahrheit um? Recherchen in Entwicklungsabteilungen führen
gelegentlich zu anderen Ergebnissen, als der Redakteur in der
Broschüre zu veröffentlichen hat.

Die kleine Mogelei gehört zum Geschäft, Kunden wissen,
dass sie nicht alles für bare Münze nehmen können. Wo sind die
Grenzen zwischen der unerträglichen Schwindelei und dem eher
harmlosen Anhübschen der Mängel?

Allgemein gültige Lösungen für solche Fälle gibt es nicht. Die
Redakteure von Mitarbeiter- oder Kundenzeitungen sind gut beraten, ein Redaktionsstatut gemeinsam mit der Geschäftsleitung
zu entwickeln, wenn es noch keines gibt. Richtige Betriebszeitung
oder Druck von oben? Das Statut bestimmt Zuständigkeiten und
Einfluss von Abteilungsleitungen, Betriebsrat und Geschäftsleitung. Damit können einige Konflikte vermieden werden.

Hilfreich in Konflikten: das Redaktionsstatut

Fallen

Einige Recherchegespräche konfrontieren den Interviewer mit
Situationen, in denen er sich eindeutig verhalten muss:

Manchmal juristisch, manchmal „bloß" ethisch

1. schwere Anschuldigungen,
2. Sperrfrist und Hintergrundgespräch als Trick,
3. der Wunsch, vor der Veröffentlichung zu lesen,
4. der Weiterverkauf eines Artikels.

1. Der Informant packt aus. Ob in einer Betriebsrecherche,
im Zusammenhang mit Skandal oder Verbrechen: Die Konsequenzen nach einer Veröffentlichung werden gewaltig sein. Im
übertragenen Sinn rollen womöglich Köpfe.

Schwere Anschuldigungen

Ein gefundenes Fressen und völlig problemlos, wenn weitere
Recherchen und gründliches Gegenprüfen alles bestätigen. Dann
ist der Sorgfaltspflicht Genüge getan. Wenn aber einige Details
„hängen", wird es unsicher. Vielleicht reicht es, wenn Zeugen mit-
gehört haben. Die beste Lösung ist jedoch eine eidesstattliche Erklärung. Sie haben gewonnen, wenn Sie ein solches Papier zu den
Unterlagen nehmen können.

Eidesstattliche Erklärung

Mit einer solchen Erklärung legt sich der Gesprächspartner
fest, sie ist strafrechtlich relevant. Es empfiehlt sich nur in seltenen Fällen, das Gespräch auf die Möglichkeit einer eidesstatt-
lichen Erklärung zu lenken, wenn

- der Informant in deutlicher Gegnerschaft zu denjenigen steht, die durch seine Aussage belastet werden,
- seine Position zu den fraglichen Vorgängen ohnehin bekannt sind – die Spatzen pfeifen's von den Dächern – und
- einer Veröffentlichung dem Informanten nutzt, einem anderen aber schadet.

Sperrfrist 2. Eine Regel der Fairness im Umgang mit Pressesprechern, Politikern, hohen Managern und Funktionären: Wenn der Informant darum bittet, eine Sperrfrist einzuhalten, hält man sich daran: Gut, wir veröffentlichen das nicht vor dem genannten Tag. Eine allgemeine Verpflichtung dazu besteht nicht, sie ist vor allem dann ausgeschlossen, wenn es keinen sachlichen Grund dafür gibt und der Verdacht besteht, dass der Journalist vor den Karren seines Interviewpartners gespannt werden soll. Dazu Absatz 2.5 des Pressekodex:

> Sperrfristen, bis zu deren Ablauf die Veröffentlichung bestimmter Nachrichten aufgeschoben werden soll, sind nur dann vertretbar, wenn sie einer sachgemäßen und sorgfältigen Berichterstattung dienen. Sie unterliegen grundsätzlich der freien Vereinbarung zwischen Informanten und Medien. Sperrfristen sind nur dann einzuhalten, wenn es dafür einen sachlich gerechtfertigten Grund gibt, wie zum Beispiel beim Text einer noch nicht gehaltenen Rede, beim vorzeitig ausgegebenen Geschäftsbericht einer Firma oder bei Informationen über ein noch nicht eingetretenes Ereignis (Versammlungen, Beschlüsse, Ehrungen u.a.). Werbezwecke sind kein sachlicher Grund für Sperrfristen.

Hintergrund-gespräch In das gleiche Verhaltensmuster passt die Vertraulichkeit eines Hintergrundgesprächs. Wenn die PR-Abteilung eines Unternehmens die Lokalredakteure zu einem solchen Gespräch einlädt, geht es meistens um zukünftige Entwicklungen der Firma oder auch von Produkten. Die Öffentlichkeitsarbeit will dem Journalisten Wissen zur Verfügung stellen, das dieser gut nutzen kann, um das weitere Geschehen zu beurteilen. Man vereinbart Vertraulichkeit, und jeder hält sich daran. Würde einer gegen diese Vereinbarung verstoßen, hätte er sein Ansehen gründlich ramponiert.

Einige clevere PR-Leute sind längst darauf gekommen, dass man dieses Übereinkommen auch nutzen kann, um Recherchen zu torpedieren. Nehmen wir an, ein Betrieb plant, im nächsten Herbst eine Produktionsstätte zu schließen und 100 Mitarbeiter zu entlassen. Davon dringt etwas – nicht unbedingt zufällig – nach außen, und der Lokalredakteur der ortsansässigen Zeitung beginnt zu recherchieren.

Sobald die Unternehmensleitung davon erfährt, dass sich einer von der Presse ausgerechnet um dieses Werk zu bemühen scheint, weiß sie, dass ihr Plan bezüglich der Geheimhaltung auf wackligen Füßen steht. Der vielleicht letzte Ausweg: Alle Lokalredakteure zu einem Hintergrundgespräch einladen und Vertraulichkeit vereinbaren. Dann kann man ihnen getrost erzählen, was wenigstens einer schon ahnt oder vielleicht weiß.

Dieses Spiel muss einen nicht in Gewissenskonflikte bringen. Sofort für alle Anwesenden vernehmlich, laut und deutlich die Karten auf den Tisch legen: „An dieser Geschichte arbeite ich schon, das habe ich selber recherchiert. Wir werden es wohl veröffentlichen."

3. Wie weit ist man verpflichtet, seinem Informanten den Artikel vorab zum Lesen zu geben? Manche fordern: „Bevor Sie das schreiben, will ich es aber noch mal lesen." Die Antwort ist einfach: „Nur direkte oder indirekte Zitate schicke ich Ihnen per Fax zu. Ich rufe Sie dann an, und wenn Sie keine Einwände haben, geht es raus." Manchmal ist es ohnehin sinnvoll, die wörtliche Rede aus dem Mitschnitt vorzulegen und entscheidende Daten kurz in einem Telefongespräch zu bestätigen. Der Aufwand ist meist gering, doch dafür unterstützt diese Geste das Vertrauen des Interviewpartners in den Redakteur. Sie ist außerdem ein Beitrag zur Qualitätssicherung; falsch geschriebene Namen, fehlerhafte Daten, Zahlendreher und andere Plagen können auch auf diesem Weg erwischt werden. Weitere Zusicherungen bremsen jeden Autor aus, sie müssen die Ausnahme bleiben.

Freigabe

4. Informanten lernen Rechercheure oft als Vertreter eines Blattes oder Senders kennen. Sie haben eine Position zu dem Medium, dem sie Auskunft geben.

Weiterverkauf des Artikels

Was sie nicht wissen, ist, dass Journalisten ihre Arbeit auch anderen Blättern anbieten. Daraus können Konflikte entstehen. Ele Schöfthaler berichtet vom Porträt einer Nonne und ihres Klosters, das in der Lokalzeitung erschienen war. Dafür hatte die Ordensfrau bereitwillig Auskunft erteilt. Als der Beitrag dann aber in einer links-katholischen Zeitschrift erschien, bekam sie prompt Ärger mit dem Bischof. Diese Informantin bereut ihre kooperative Haltung.

Dagegen hilft die Rückfrage, wenigstens bei direkten oder indirekten Zitaten: „Das Einverständnis Ihrer Partner sollten Sie in jedem Fall einholen, wenn Sie Ihren Beitrag einer Redaktion mit anderer Tendenz anbieten." [24]

Zusammenfassung

Recherchen müssen dokumentiert werden: Zeit, Aufwand, Kosten. Selbst wenn der Auftraggeber es nicht verlangt, nutzt die Protokollierung. Redaktionsbüros und andere externe Dienstleister sollten in ihre schriftlichen Angebote auch die Recherchegespräche einbeziehen, damit es nach Abschluss eines Projektes nicht zu unerwarteten Nachforderungen und Reibereien kommt.

Das Grundgesetz schützt die Arbeit des Journalisten. Der Teufel steckt im Detail. Der Informantenschutz, ein selbstverständliches Prinzip journalistischer Arbeit, ist für die Recherche in der Umgebung von Straftaten ein heikles Thema. Die rechtlichen Voraussetzungen sind wohl geschaffen, doch die alltägliche Umsetzung kann in einigen wenigen Fällen besondere Aufmerksamkeit und auch Verhaltensweisen des Journalisten nahelegen.

Recherchen fördern etwas zutage, das nicht für jedermann offensichtlich ist. Dabei kann man in Bereiche gelangen, in denen die Weitergabe eines Geheimnisses strafbar ist. Ihre unsichtbaren Grenzen muss man erahnen können; keineswegs darf man Geheimnisträger dazu nötigen, ihr Wissen preiszugeben.

Sicher und in der Theorie unproblematisch ist der Anspruch auf Auskunft durch Behörden. Er ist durch die Landespressegesetze garantiert. Reibungsverluste in der Praxis sind nicht ausgeschlossen. Andere Rechtsvorschriften für die Recherche wirken sich auf die Aufzeichnung von Gesprächen aus. Nur der genehmigte offene Mitschnitt ist erlaubt.

Viele Rechte und vor allem eine Pflicht: Sorgfalt in der Recherche. Niedergeschriebenes Recht regelt die journalistische Arbeit nur zum Teil. Andere Faktoren sind Ethik, Moral und Verantwortung. Dafür gibt es keine verbindlichen Lösungen, man muss sich mit Fragen und Anregungen begnügen.

---

24 Schöfthaler, *Recherche*, S. 116. Die Geschichte der Nonne findet sich ebenda auf S. 126/127.

8 Literatur

Aberle, Siegfried; Baumert, Andreas (2002): Öffentlichkeitsarbeit. Ein Ratgeber für Klein- und Mittelunternehmen. München: Beck/DTV.
Im Internet unter: http://nbn-resolving.de/urn:nbn:de:bsz:960-opus-3614

Alessandra, Anthony J. (1998): The platinum rule. Unter Mitarbeit von Michael J. O'Connor. New York: Warner Books.

Artkämper, Heiko; Schilling, Karsten (2010): Vernehmungen. Taktik Psychologie Recht. Hilden: VDP Verlag Deutsche Polizeiliteratur.

Avenarius, Horst [Hrsg.] (1998): Die ethischen Normen der Public Relations. Kodizes, Richtlinien, freiwillige Selbstkontrolle. Neuwied, Kriftel: Luchterhand.

Baumert, Andreas (1999): Recherchegespräche. Das Interview in der Informationsbeschaffung. Reutlingen: Doculine.

Baumert, Andreas (2010): Der Partner im Recherche-Gespräch. Übungen für einen erfolgreichen Umgang mit Informanten. In: Leif, Thomas [Hrsg.]: Trainingshandbuch Recherche. Informationsbeschaffung professionell.
2., erw. Aufl., Wiesbaden: VS, S. 100-106.

Baumert, Andreas (2010): Ethik in der Redaktion. Eine Disziplin wird erwachsen.
In: Technische Kommunikation (4), S. 54–57.

Baumert, Andreas (2011): Professionell texten. Grundlagen, Tipps und Techniken.
3. Aufl., München: Beck/DTV.

Bernd, Hermann (2002): „Pietätlos, die Scheißpresse." Message 3, S. 10-13.

Bogner, Alexander (2009): Experteninterviews. Theorien, Methoden, Anwendungsfelder.
3., grundl. überarb. Aufl., Wiesbaden: VS.

Braun, Kurt (2011): Recherche bei Behörden. Teil 1: Der Auskunftsanspruch, Teil 2: Problemfälle des Auskunftsanspruchs. Medium Magazin (11), S. 52 f., (12), S. 60 f.

Brendel, Matthias; Brendel, Frank; Schertz, Christian; Schreiber, Henrik (2010): Richtig recherchieren: Wie Profis Informationen suchen und besorgen. Ein Handbuch für Journalisten und Öffentlichkeitsarbeiter. 7. Aufl.. Frankfurt am Main: FAZ-Institut.

Brocher, Tobias (1967): Gruppendynamik und Erwachsenenbildung. Zum Problem der Entwicklung von Konformismus oder Autonomie in Arbeitsgruppen.
Braunschweig: Westermann.

Bühler, Karl (1978): Sprachtheorie. Die Darstellungsfunktion der Sprache.
Frankfurt am Main u.a.: Ullstein.

Cario, Ingmar; Quinque, Venio Piero; Rediske, Michael (2010): Recherche lernen im Werkstattgespräch. Seminarteilnehmer im Interview mit prominenten Rechercheuren. In: Leif, Thomas [Hrsg.]: Trainingshandbuch Recherche. Informationsbeschaffung professionell. 2., erw. Aufl., Wiesbaden: VS, S. 158-168.

Clauß, Günter; Finze, Falk-Rüdiger; Partzsch, Lothar (2011): Grundlagen der Statistik für Soziologen, Pädagogen, Psychologen und Mediziner. 6. Aufl., Frankfurt am Main: Deutsch.

Correll, Werner (1986): Motivation und Überzeugung in Führung und Verkauf. 3. Aufl., Landsberg am Lech: Verlag Moderne Industrie.

Deutscher Presserat (2011): Datenschutz in Redaktionen. Ein Leitfaden. 2. Aufl., Berlin. http://www.presserat.info/uploads/media/Leitfaden_Redaktionsdatenschutz_02.pdf [27. Januar 2012]

Döring, Nicola (2003): Sozialpsychologie des Internet. Die Bedeutung des Internet für Kommunikationsprozesse, Identitäten, soziale Beziehungen und Gruppen. 2. Aufl., Göttingen [u.a.]: Hogrefe.

Doser, Susanne (2006): 30 Minuten für interkulturelle Kompetenz. Offenbach: Gabal.

Dreeke, Robin K.; Navarro, Joe (2009): Behavioral Mirroring in Interviewing. Law enforcement officers can develop stronger rapport and obtain valuable information by mirroring an individual's behavior. FBI Law Enforcement Bulletin 78 (12), S. 1–10.

Dresing, Thorsten; Pehl, Thorsten (2011): Praxisbuch Transkription. Regelsysteme, Software und praktische Anleitungen für qualitative ForscherInnen. 3. Aufl., Marburg. http://www.audiotranskription.de/praxisbuch [24. Januar 2012]

Ekman, Paul (1996): Why Don't We Catch Liars? Social Research, 63, S. 801 – 817.

Ekman, Paul (2010): Gefühle lesen. Wie Sie Emotionen erkennen und richtig interpretieren. 2. Aufl., Heidelberg: Spektrum Akademie Verlag.

Ekman, Paul (2011): Ich weiß, dass du lügst. Was Gesichter verraten. Reinbek: Rowohlt.

Eysenck, Hans Jürgen (1976): Die Ungleichheit der Menschen. 11. Tsd., München: List.

Faulbaum, Frank; Prüfer, Peter; Rexroth, Margrit (2009): Was ist eine gute Frage? Die systematische Evaluation der Fragenqualität. Wiesbaden: VS.

Fechner, Frank (2012): Medienrecht. Lehrbuch des gesamten Medienrechts unter besonderer Berücksichtigung von Presse, Rundfunk und Multimedia. 13. Aufl., Tübingen: Mohr Siebeck.

Fleischer, Wiebke (2002): Selbstkontrolle statt Zensur. Journalist 6, S. 26 f.

Friedmann, Dietmar (2010): Die drei Persönlichkeitstypen und ihre Lebensstrategie. Wissenschaftliche und praktische Menschenkenntnis. 3. Aufl., Darmstadt: WBG.

Friedrichs, Jürgen; Schwinges, Ulrich (2009): Das journalistische Interview. 3., überarb. Aufl., Wiesbaden: VS.

Funiok, Rüdiger (2002): Medienethik. Der Wertediskurs über Medien ist unverzichtbar. In: Neverla, Irene; Grittmann, Elke; Pater, Monika [Hrsg.]: Grundlagentexte zur Journalistik. Konstanz: UVK, S. 270 - 287.

Geiselman, R. Edward; Fisher, Ronald P.; Firstenberg, Iris; Hutton, Lisa A.; Sullivan, Steven J. (1984); Avetissian, Ivan V.; Prosk, Allan L.: Enhancement of Eyewitness Memory: An Empirical Evaluation of the Cognitive Interview. Journal of Police Science and Administration, 12, S. 74-80.

Geyer, Michael (1990): Das ärztliche Gespräch. Allgemein-psychotherapeutische Strategien und Techniken. 2. üb. Aufl., Berlin (DDR): Verlag Gesundheit.

Grice, H. Paul (1975): Logic and Conversation. In: Cole, Peter; Morgan, Jerry L. [Hrsg.]: Speech Acts. Syntax and Semantics, Vol. 3. New York: Academic Press, S. 41-58.

Gutjahr, Gert (1985): Psychologie des Interviews in Praxis und Theorie. Heidelberg: Sauer.

Habschick, Klaus (2009): Erfolgreich vernehmen. Kompetenz in der Kommunikations-, Gesprächs- und Vernehmungspraxis. 2., neu bearb. und erw. Aufl., Heidelberg: Kriminalistik-Verlag.

Haller, Michael (1991): Das Interview. Ein Handbuch für Journalisten. München: Ölschläger.

Haller, Michael (2004): Recherchieren. 6. Aufl., Konstanz: UVK.

Hanefeld, Ute; Hoffmeyer-Zlotnik, Jürgen H. P. (2010): Demographische Standards. 5. Aufl., Wiesbaden: Statistisches Bundesamt.

Harris, Amy Bjork; Harris, Thomas A. (1985): Einmal o.k. immer o.k. Transaktionsanalyse für den Alltag, 68.-77. Tsd , Reinbek: Rowohlt.

Harris, Thomas A. (1993): Ich bin o.k. Du bist o.k. Wie wir uns selbst besser verstehen und unsere Einstellung zu anderen verändern können – Eine Einführung in die Transaktionsanalyse. 736.-765. Tsd., Reinbek: Rowohlt.

Heilmann, Christa (2002): Neutrale Interventionen in sequenzieller Abfolge – ein Dringlichkeitsantrag. Zeitschrift für angewandte Linguistik 37, S. 51-76.

Heringer, Hans Jürgen (2010): Interkulturelle Kommunikation. Grundlagen und Konzepte. 3., durchges. Aufl., Tübingen, Basel: Francke.

Hermanutz, Max; Litzcke, Sven (2009): Vernehmung in Theorie und Praxis. Wahrheit – Irrtum – Lüge. 2., überarb. Aufl., Stuttgart [u. a.]: Boorberg.

Hermanutz, Max; Litzcke, Sven; Kroll, Ottmar [Hrsg.] (2011): Polizeiliche Vernehmung und Glaubhaftigkeit. Ein Trainingsleitfaden. 3., erw. Aufl., Stuttgart [u. a.]: Boorberg.

Heubrock, Dietmar; Donzelmann, Nadine (2010): Psychologie der Vernehmung. Empfehlungen zur Beschuldigten-, Zeugen- und Opferzeugen-Vernehmung. Frankfurt am Main: Verlag für Polizeiwissenschaft.

Karepin, Rolf (2003): Lauschangriff. Medium Magazin 4, S. 34 – 36.

Kippenhahn, Rudolf (1997): Verschlüsselte Botschaften. Geheimschrift, Enigma und Chipkarte. Reinbek: Rowohlt.

Kirchhoff, Sabine; Kuhnt, Sonja; Lipp, Peter (2008): Der Fragebogen. Datenbasis, Konstruktion und Auswertung. 4., überarb. Aufl., Wiesbaden: VS.

Koch, Jörg (2009): Marktforschung. Begriffe und Methoden. 5. überarb. und erw. Aufl., München [u.a.]: Oldenbourg.

Köhnken, Günter (1992): Techniken zur Verbesserung der Erinnerungsleistung im Interview, Das Kognitive Interview. Praxis der Forensischen Psychologie (2), S. 85 - 91.

Kollermann, Nicole (2006): Spinn ich oder spinnen die? In: Dagmar Kumbier [Hrsg.]: Interkulturelle Kommunikation. Methoden – Modelle – Beispiele. Reinbek: Rowohlt, S. 73–90.

Konrad, Klaus (2011): Mündliche und schriftliche Befragung. Ein Lehrbuch. 7. überarb. und erw. Aufl., Landau: Empirische Pädagogik.

von La Roche, Walther (2008): Einführung in den praktischen Journalismus. 18. akt. und erw. Aufl., Berlin: Econ.

Laux, Lothar (2008): Persönlichkeitspsychologie. 2. Aufl., Stuttgart: Kohlhammer.

Liebig, Martin (1999): Die Infografik. Konstanz: UVK.

Lilienthal, Volker (1988): Sprachlos bei Wanzen. Interview mit Christoph Maria Fröhder. Medium Magazin 2, S. 40 – 41.

Lindemann, Marcus; Schneider, Jan (2010): Datenschutz-Fallrückzieher: Ein Netizen entdeckt den Wunsch nach Privatsphäre. c't - Magazin für Computertechnik 1, S. 108-110.

Luft, Josef (1986): Einführung in die Gruppendynamik. 6. Aufl., Stuttgart: Klett-Cotta.

Maletzke, Gerhard (1996): Interkulturelle Kommunikation. Zur Interaktion zwischen Menschen verschiedener Kulturen. Opladen: Westdeutscher Verlag.

Maslow, Abraham H. (1981): Motivation und Persönlichkeit. 12. Auflage, Reinbek: Rowohlt.

Mayer, Horst Otto (2008): Interview und schriftliche Befragung. Entwicklung, Durchführung und Auswertung. 4., überarb. und erw. Aufl. München: Oldenbourg.

Meibauer, Jörg (2008): Pragmatik. Eine Einführung. 2., verb. Aufl., unveränd. Nachdr. der 2. Aufl. 2001. Tübingen: Stauffenburg.

Möhring, Wiebke; Schlütz, Daniela (2003): Die Befragung in der Medien- und Kommunikationswissenschaft. Eine praxisorientierte Einführung. Wiesbaden: Westdeutscher Verlag.

Müller-Dofel, Mario (2009): Interviews führen. Ein Handbuch für Ausbildung und Praxis. Berlin: Econ.

Mummendey, Hans Dieter (2003): Die Fragebogen-Methode. Grundlagen und Anwendungen in Persönlichkeits-, Einstellungs- und Selbstkonzeptforschung. 4. Aufl., Göttingen [u.a.]: Hogrefe.

Napier, Michael R.; Adams, Susan H. (1998): Magic Words to Obtain Confessions. FBI Law Enforcement Bulletin, 10, S. 11-15.

Navarro, Joe (2010): Menschen lesen. Ein FBI-Agent erklärt, wie man Körpersprache entschlüsselt. München: mvg.

Pawlowski, Klaus; Riebensahm, Hans (2000): Konstruktiv Gespräche führen. Fähigkeiten aktivieren, Ziele verfolgen, Lösungen finden. 8. - 10. Tsd. Reinbek: Rowohlt.

Perren-Klingler, Gisela (2000): Gewalterfahrungen und präventive Interventionen, In: Dies. [Hrsg.], Debriefing. Erste Hilfe durch das Wort. Hintergründe und Praxisbeispiele. Bern [u.a.]: Haupt, S. 3 - 23.

Pervin, Lawrence A.; Cervone, Daniel; John, Oliver P. (2005): Persönlichkeitstheorien. 5., vollst. überarb. und erw. Aufl., München, Basel: E. Reinhardt.

Porst, Rolf (2009): Fragebogen. Ein Arbeitsbuch. 2. Aufl., Wiesbaden: VS.

Quan-Haase, Anabel; Cothrel, Joseph; Wellman, Barry (2005): Instant messaging for collaboration: A case study of a high-tech firm. Journal of Computer-Mediated Communication, 10(4), article 13. http://jcmc.indiana.edu/vol10/issue4/quan-haase.html

Reichstein, Ruth (2002): Das Schweigen der Behörden. Journalist 11, S. 38 f.

Ripke, Thomas (1994): Patient und Arzt im Dialog. Praxis der ärztlichen Gesprächsführung. Stuttgart: Thieme.

Rogers, Carl R. (1996): Therapeut und Klient. Grundlagen der Gesprächspsychotherapie. 11. Aufl., Frankfurt am Main: Fischer.

Sacks, Oliver (1990): Der Mann, der seine Frau mit einem Hut verwechselte. Reinbek: Rowohlt.

Saum-Aldehoff, Thomas (2012): Big Five. Sich selbst und andere erkennen. 2. Aufl., Ostfildern: Patmos.

Sayers, Dorothy (2002): Hochzeit kommt vor dem Fall, Reinbek: Rowohlt.

Schmuck, Michael (2006): Das neue Presserecht. Praxistipps für Journalisten. Mit neuem EU-Recht. Remagen-Rolandseck: Rommerskirchen.

Schneider, Wolf; Raue, Paul-Josef (2012): Das neue Handbuch des Journalismus und Online-Journalismus. Reinbek: Rowohlt.

Schöfthaler, Ele (2006): Die Recherche: Ein Handbuch für Ausbildung und Praxis. Berlin: Econ.

Scholl, Armin (2003): Die Befragung. Sozialwissenschaftliche Methode und kommunikationswissenschaftliche Anwendung. Konstanz: UVK.

Schulz von Thun, Friedemann (2003): Miteinander reden. Drei Bände, Sonderausgabe, Reinbek: Rowohlt.

Sheatsley, Paul B. (1976): Die Kunst des Interviewens. In: König, René [Hrsg.]: Das Interview. Formen – Technik – Auswertung. 10. Aufl., Köln: Kiepenheuer & Witsch, S. 125 – 142.

Stöger, Gabriele; Thomas, Gary (2007): Teams ohne Grenzen. Und es geht doch: virtuelle Teams erfolgreich führen. Zürich: Orell Füssli.

Stüllenberg, Heinz (1992): Die Vernehmung. In: Lehr- und Studienbriefe Kriminalistik, 3. erw. u. durchg. Aufl., Hilden: Verlag deutsche Polizeiliteratur, 4, S. 3 – 61.

Thiele, Christian (2009): Interviews führen. Konstanz: UVK.

Wanckel, Endress (2000): Auf der Suche nach Wahrheit. Message 4, S. 116-120.

Wanckel, Endress (2002): Die Villa im Grunewald. Message 2, S. 92-95.

Watzlawick, Paul; Beavin, Janet H.; Jackson, Don D. (1985): Menschliche Kommunikation. Formen, Störungen, Paradoxien. 7. Aufl., Bern [u. a.]: Huber.

Weis, Hans Christian; Steinmetz, Peter (2002): Marktforschung. 5. völlig überarb. und erw. Aufl., Ludwigshafen: Kiehl.

Wong, Dona M. (2011): Die perfekte Infografik. Wie man Zahlen, Daten, Fakten richtig präsentiert - und wie nicht. München: Redline.

Zeutschel, Ulrich; Hintzpeter, Reimer (1991): Psychologie der Interviewführung. In: Haller, Michael: Das Interview. Ein Handbuch für Journalisten. München: Öhlschläger, S. 262 - 276.

9 Index

A

Abstand 61
Abwimmeln 96, 160
Alternativfrage 83, 92
Angebot 166
Angehörige 116
Anrede 70
Archiv 128, 129
Aufzeichnung 121, 137, 139, 180–181
Ausdrucksprinzipien 47
Auskunftsanspruch 179
Aussageverweigerung 171
Auswerten, Interview 128
Auswertung, Fragebogen 147
Authentizität 52, 65

B

Bedürfnis 13–33
Befragung, standardisiert.
    Siehe Fragebogen
Begrüßung 68
Beschlagnahme 173
Besserwisser 25
Betriebliches Interview 17, 58
Betriebsrecherchen 23
Bewertungsfrage 90
Beziehung 37
Beziehungsebene 39
Big Five 21
Bildung 29
Blick 62–64
Blinder Fleck 18

C

Charakter.
    Siehe Temperament

Chatting.
    Siehe Instant Messaging
Choleriker 20, 26
Columbo-Frage 77

D

Daten, personenbezogene 174
Datenschutz 174
Datum 137
Distanz, professionelle 27, 39, 52, 65
Distanzverhalten 61

E

EDV 174–175
Eisbrecherfrage 90
Eltern-Ich 41–76
E-Mail 132–141
Empathie 50, 52, 116
Erwachsenen-Ich 41–76
Ethik 183–190
Extravertiertheit 21

F

Fachgebiet 29
Fachkraft 29
Familie 30
Fangfrage 84
Feedback 49
Fehler, Interviewer 152
Filterfrage 92
Fragebogen 89–94, 142–150
Frage, emotionale 84
Frage, geschlossene 79–83, 94–95
Frage, hypothetische 85